曹德旺传

首善佛心

黄伟芳◎著　　陈润◎主编

团结出版社

图书在版编目（CIP）数据

曹德旺传 / 黄伟芳著 . -- 北京：团结出版社，2020.11
ISBN 978-7-5126-8288-7

Ⅰ.①曹… Ⅱ.①黄… Ⅲ.①曹德旺—传记 Ⅳ.① K825.38

中国版本图书馆 CIP 数据核字 (2020) 第 181728 号

曹德旺传

黄伟芳 著

出　　版：团结出版社
　　　　　（北京市东城区东皇城根南街84号　邮编：100006）
责任编辑：郑 纪
电　　话：(010) 65228880
发　　行：(010) 51393396
网　　址：http://www.tjpress.com
E – mail：65244790@163.com
经　　销：全国新华书店
印　　刷：三河市龙大印装有限公司

开　　本：145×210　1/32
印　　张：8
字　　数：160千字
版　　次：2020年11月第1版
印　　次：2020年11月第1次印刷

书　　号：978-7-5126-8288-7
定　　价：59.00元

丛书序

为标杆立传：重塑企业家精神，推动中国商业进步

在我们一生中，总会遇到那么一个人，用自己的智慧之光、精神之光，照亮我们人生的道路。

我从事企业传记写作、出版已有10多年，在访谈企业家、创业者的时候，我通常会问两个问题：谁对你影响最大？哪本书令你受益匪浅？答案往往是某位标杆企业家及其传记作品。可以说，很多企业家都曾深受成功前辈企业家传记的影响，他们以偶像为标杆，完成自我认知、自我突破、自我进化，在对标中寻找坐标，在蜕变中加速成长。

人们常说，选择比努力更重要，而选择正确与否取决于认知。决定人生命运的关键选择就那么几次，大多数人不具备做出关键抉择的正确认知，然后要花很多年为当初的错误决定买单。对于创业者、管理者来说，阅读成功企业家传记是形成方法论、构建学习力、完成认知跃迁的最佳捷径，越早越好。

无论个人还是企业，不同的个体、组织有不同的基因和命运。对于个人来说，要有思想、灵魂，才能活得明白，取得成功。对于企业而言，要有愿景、使命、价值观，才能做大做强，基业长青。

世间万物，皆有"灵魂"。每个企业出生时都有"灵魂"，但发展壮大以后就容易被忽视。企业的灵魂人物是创始人，他给企业创造的最大财富是企业家精神；管理的核心是管理愿景、使命、价值观，我们通常概括为企业文化。有远见的企业家重视"灵魂"，其中效率最高、成本最低的方式是写作企业家传记和企业史，前者重塑企业家精神，后者提炼企业文化，以此找到企业复兴之路。

"立德、立功、立言"，这是儒家追求，也是人生大道。在过去10年间，我所创办的润商文化秉承"以史明道，以道润商"的使命，汇聚一大批专家学者、财经作家、媒体精英，专注于企业传记定制出版和传播服务，为标杆企业立传。我们为华润、招商局金融、戴尔中国、用友、卓尔、光威等数十家著名企业提供知识服务，策划出版过全球商业史系列、世界财富家族系列、中国著名企业家传记系列等近百部具有影响力的作品，还将部分优秀作品版权输出海外，堪称最了解中国本土企业实践和理论模型的知识服务机构之一。

正是出于重塑企业家精神、构建商业文明的专业研究精神和时代使命感、责任感，当我提出策划出版"中国著名企业家传记"丛书的倡议之后，得到团结出版社的大力支持。2019年初，我们启动"中国著名企业家传记"丛书的学术研究和出版工程。

为了高标准、高品质打造精品，我们聚集业内知名财经作家组建研究团队，进行专题研究和创作，陆续出版了李嘉诚、任正非、马云、雷军、董明珠、彭蕾等企业家传记作品，面世后深受读者欢迎，一版再版。2020年，我们继续完成王兴、张一鸣、黄峥、周鸿祎、曹德旺、段永平等企业家传记作品，为企业家立言，为企业立命，为中国商业立标杆。

一直以来，我们致力于为有思想的企业提升价值，为有价值的企业传播思想。作为中国商业观察者、记录者、传播者，我们将聚焦于更多标杆企业、行业龙头、区域领导品牌、高成长型创新公司等有价值的企业，将"中国著名企业家传记"丛书不断完善，重塑企业家精神，传播企业品牌价值，推动中国商业进步。

通过"中国著名企业家传记"丛书的调查研究和出版工程，我们意在为更多企业家、创业者提供前行的智慧和力量，为读者在喧嚣浮华的时代打开一扇希望之窗：

在这个美好时代，每个人都可以通过奋斗和努力，成为想成为的那个自己。

"中国著名企业家传记"丛书主编

陈润

2020 年 9 月 12 日
2020 年 9 月 12 日

序

上善若水，大成靠德

用"上善若水，大成靠德"来形容曹德旺，是最合适不过的了。正所谓"沧海横流，方显英雄本色"，中国改革开放40多年来，涌现出了无数敢打敢拼的企业家。然而，曹德旺却是少有的能把商道与佛心完美结合在一起的企业家。

《人物周刊》曾这样评价曹德旺："曹德旺本人乃是多种复杂对立气质并存的雄浑之人。"在曹德旺的身上，的确同时并存着多种气质。

专注

从做生意的第一天起，曹德旺就专注于实业，立志要"做一片属于中国人的汽车玻璃"。就因为长年累月地专注于一块玻璃，他才成就了福耀如今在世界上的地位。在福耀发展的过程中，不断有人建议或邀请他做地产、做金融、做更多更赚钱的事，都被他一一拒绝："我没什么本事，就是死心塌地做制造业。"创业几十年，他从不被"赚快钱"所干扰，始终怀揣着实业报国的梦想，一心扑在制造业上。他说："从不为到有为，从有为到不妄为，从不妄为到无为，这是我的经营哲学。"

敢为人先

曹德旺跨越的时代，是中国社会剧烈变化的60年。他的创业史，既是改革开放后第一代企业家的艰苦奋斗史，也是一部"摸着石头过河"的创新史。他是中国最具"探索意识"的企业家之一，也是敢于第一个吃螃蟹的人。在鲜少先例的情况下，他勇做改革试水者，走出了一条合资的新路。在他的推动下，人事档案这个"拦路虎"被搬走，福建省人事局率先成立了全国第一个人才交流市场。他创立的福耀玻璃也是福建最早试行公开发行股票的企业……

强硬不服输

他暴躁刚烈，宁折不弯，因为个别政府官员的言而无信，他敢在世界级的比赛上把奖杯扔到水里。他不怕权威，不贪不嗔，从不行贿，自称"从来没有给官员送过一盒月饼"。他作风"独裁"，极其自信，被福耀玻璃员工称为"曹特勒"。他敢跟政府吵架，连县政府都说"那是曹德旺的领地"。他的性格有着中国企业家身上罕见的直率和张扬，他用"霸道"与强悍捍卫着自己的尊严。

善于学习

他虽然没受过什么教育，却有着极强的求知欲和自学能力，追求永无止境的学习。他勤于思考，凡事多方请教，不耻下问。他从福州水表厂会计科科长处学到会计学的一系列知识，懂得通过财报和各种数字，分析企业的实际经营状况，了解市场的动态和未来的走向，为他走上科学管理的道路奠定坚实基础。他从新加坡的银行行长林仰波处学到现代工商管理知识和企业上市的系列知识，促成福耀成功上市。他从台湾商人张天常处学到企业经营管理和如何定位的知识，并充分认识到企业专业化经营的道理，立志将汽车玻璃作为自己的主业，并为之奋斗终生。他从美国的福特博物馆看到汽车工业发展史的轨迹，认为中国与美国工业发展相差 100 年左右，敏锐地捕捉到中国汽车工业发展带来的巨大机遇。

他不断自我挑战，自我超越，不断重新定义汽车玻璃，也使企业的经营管理日臻完善。这种不断学习的精神，是他从一位农民成长为世界一流企业家的重要因素。

善心

曹德旺是中国有名的慈善家,从1983年用赚到的第一桶金给母校买2000元桌椅开始,持续几十年的布施,曹德旺累计个人捐款已接近120亿元,是当之无愧的中国"首善"。但他从不觉得自己做了什么了不起的事,只是轻描淡写地说:"财富只是我在马路边捡到的东西,按照佛教提倡的精神,跟大家共享一下。"

在这一片善心的背后,不只是捐款时那一个个令人咋舌的天文数字,更是曹德旺那份赤诚之心和对家国的那份强烈的责任感。正如他所说:"我认为做人第一就是要有高度的社会责任感。在家里,为人子要尽人子之责,为人夫必须尽人夫之责,为人父要尽人父之责;在社会上,要尽公民之责,要有强烈的民族和国家意识,这样你才会成功。"

《左传》有言:"太上有立德,其次立功,其次立言。""立德"指做人,"立功"指做事,"立言"指做学问。在古人看来,三者占其一,基本就可以算是成功的人生了,用这个标准来衡量曹德旺,他的人生可谓圆满。

曹德旺也曾用"幸福"来形容自己的人生。有人曾问他,有没有想过墓志铭上的内容,他说没有考虑过,"我认为我非常在乎当下怎么做"。他说他很欣赏武则天,留下一个无字碑,一切事情让后人评判。"我作为一个企业家,尽我所能,做有益于国家、有益于社会、有益于人民的事情,做一件算一件,多多益善。到底我的努力是对还是错,让后人去说,我认为对自己过去工作的记载,完全可以不在乎。在我的心目当中,能够温饱,过有尊严的生活,走到哪里都会受到人家的尊重,这是最大的幸福。"他说自己现在已经是天下最幸福的人了。

然而,在这份圆满与幸福的背后,又有很多不为人知的趣事、辛酸事、愁苦事……了解了背后的故事,才能真正了解曹德旺其人。正因为如此,在这本书中,我们将追溯曹德旺70年来的人生历程与从商之路，重拾曹德旺过往的涓滴故事，希望以此来探寻背后的企业家精神——既不驯服于中国传统商道思想的道德自卑，也不归附西方企业家精神的器匠有形，而是横舟时代沧海的豪情，是心怀天下的慈悲，是探索东方商业文明和世界经济秩序的担当。

多少年来，中国企业家们中流击水，在时代大潮的裹挟下奋力向前，曹德旺与福耀玻璃正是这个大时代背景下的缩影，我衷心希望，曹德旺的传奇故事能给予后来者以力量，让迷茫中的人找到前行的方向。

目 录

第一章 无畏苦难："要有傲视一切困难的勇气"

从福清首富到家道中落 / 003　　爱书如命的辍学少年 / 007
跟着父亲做生意 / 011　　一波三折的"第一桶金" / 015

第二章 用心做人："人做好了，做事就容易"

好心贵人助 / 021　　牵线搭桥建玻璃厂 / 025
夹缝中的采购员 / 029　　泡澡"泡"出的人脉 / 033

第三章 勇于开拓："要有敢于第一个吃螃蟹的精神"

风险再大也要承包玻璃厂 / 039　　重新定义行业标准 / 042
走出一条合资新路 / 046　　立志"做属于中国人的汽车玻璃" / 049

第四章 一身傲骨:"要有所为,有所不为"

差点儿成了"贪污犯" / 057　　转战宏路 / 062

福地石竹山 / 065　　和福耀做生意总能赚 / 068

"一个关系户也不招" / 073　　龙舟赛怒扔奖杯 / 077

第五章 以仁为本:"爱兵如子,他们是企业真正的财富"

搬掉人事档案的"拦路虎" / 083　　尾牙宴上的集体婚礼 / 086

"馒头皮"风波 / 092　　生命无价 / 095

第六章 专注如一:"我40年坚持只做一块玻璃"

跌宕起伏的上市路 / 101　　被"逼"成富豪 / 105

短暂的多元化 / 108　　福特博物馆的启示 / 112

第七章 道义为重:"义胜欲,用正道战胜欲望"

一生的"奇耻大辱" / 119　　尊重供应商才能赢得供应商 / 125

遭遇"白眼狼"也无悔 / 128　　奋进中扩张 / 131

第八章 绝不妥协:"就是倾家荡产,我也要跟他干"

突如其来的反倾销案 / 137　　福耀赢了! / 140

破产重组救国企 / 145　　接下"烫手山芋" / 149

第九章 向死而生:"有危机感,才会立于不败之地"

一叶知秋,预见金融危机 / 155　　送股 22 亿壮士断腕 / 161

主动退回 1000 万补贴 / 165　　荣获安永全球企业家奖 / 168

第十章 顺势而为:"改变自己,创造条件适应环境"

进军俄罗斯 / 175　　"曹德旺跑了" / 181

工会战争,寸步不让 / 184　　用中国价值观"改造"美国人 / 188

第十一章 率性为真:"我一辈子走过来,光明磊落"

为婚外情调查 100 对夫妻 / 193　　患难夫妻不可弃 / 197

不退美国籍,不能继承财产 / 201　　"逼"长子接班 / 204

第十二章 首善佛心:"慈善是你长得太高就锯一点儿给别人"

差点儿出家的佛教徒 / 213　　"史上最严苛捐款" / 218
成立河仁慈善基金会 / 223　　驰援 1.5 亿抗击新冠肺炎 / 228

附录

曹德旺大事记 / 232
曹德旺名言录 / 237

第一章

无畏苦难:"要有傲视一切困难的勇气"

曹德旺一直记得母亲那时常常对他们说的话:"天下没有人会同情你的贫穷,也没有人为你解决。要摆脱贫穷,只有靠你的努力和拼搏。""穷不可怕,最怕的是没志气。"

从福清首富到家道中落

在时代巨变的洪流中,无论是星河日落,还是生命流逝,都会被裹挟湮没,消失得无影无踪。然而,有一些故事,却在漫漫历史长河中,留下了深深的印迹。当我们穿越几十年的岁月,去追溯一位企业家背后的成长故事时,常常发现,所有的伟大,都有迹可循。

1946年5月,曹德旺出生于上海。在那个战火纷飞的年代,他的出生并没有带给家人太多的欢乐。他的父亲每天为了生意四处奔波,连名字都顾不上给他取,到上小学之前,他一直被叫作"小印度"。在当时的上海租界,巡捕大多是印度人,他的母亲喜欢给他穿巡捕样式的制服,于是,曹德旺就有了这样一个听起来有些滑稽的名字。

曹德旺的祖籍是福州福清市高山镇,他的家族历来有经商的传统,在当地很有名望。他的曾祖父曹公望,曾是福清首富,盛极一时,不过,到了他爷爷这一代,因为经营不善,生意开始走下坡路,家境也逐渐衰落,到他父亲曹河仁出生前,已是彻底衰败,再也不复往日的荣光。

福清位于福建东部沿海、福州南翼,自古就有"海滨邹鲁、文献名邦"的美誉,这里也是林则徐的祖籍地。由于地少人多,而且土地贫瘠,年轻人只能外出谋生,很多人小小年纪就到国外闯荡,学习打工经商。在这个弹丸之地,多数富豪都是经历过贫困期,通过拼搏发迹的。比如福建融侨集团创始人林文镜,再比如印尼前首富、印尼林氏集团董事长林绍良。

曹德旺的父亲曹河仁在年轻时就跟着舅公远赴日本，到一家日本人开的布店当学徒，学习做生意的技能。后来，父亲经常对曹德旺说，自己的前半生，非常感谢那位日本布店老板的良苦用心，"他第一年是炼我身骨，第二年教我吃苦，第三年才授我真技"。父亲跟曹德旺讲起生意经来，都是一套一套的，这与他的学徒生涯是分不开的。这段经历，不但深刻地影响了曹德旺的父亲，也在曹德旺的心中埋下了一颗种子。

直到1936年，到了成家的年龄，家里喊曹河仁回国成亲，他才回到福清与曹德旺的母亲结婚。原本他打算一年之后再去日本，谁知道突然爆发卢沟桥事变，只能改变计划，到上海打拼。

在上海，曹河仁白手起家，经过艰苦的奋斗，最终成为上海著名的永安百货的股东之一。日本侵略中国之前，曹家在上海过着富足的生活。如果不是赶上时代的大变动，曹德旺原本是一位不折不扣的"富二代"。倘若那样，很可能就没有了后来的"中国首善"和"中国玻璃大王"。

到曹德旺出生的1946年，时局已经发生了天翻地覆的变化。当时，抗战刚刚结束，国共第二次内战全面爆发，国民政府岌岌可危，富商豪绅们为了自保，纷纷举家搬迁，或去美国，或去台湾，或去香港。经过一番深思熟虑之后，1947年，曹德旺的父亲决定带着全家回福清老家暂时避难。

离开上海时，手头阔绰的曹河仁花了一大笔钱买了一艘机动铁壳船，用来运输所有的家产，自己和家人则坐着客轮回福清。这个精明的生意人原本打算，这艘船把家产运回福清后，还可以租借给别人搞运输，可谓一举两得。谁知道，全家回到了福清后，货船却迟迟没到。过了好几天，一个噩耗传来：货船在海上遭遇风暴，不幸沉没，曹家的所有家当，全都没了！

一夜之间，殷实富足的曹家变得一贫如洗。那一年，曹德旺才两岁。

幸运的是，曹德旺的母亲陈惠珍是地主家的千金，结婚时，她的父亲给她准备了很多嫁妆,她把这些嫁妆都换成了可以随身携带的细软。家产沉到海底后,这些金银珠宝就成了曹家的唯一财产。曹德旺的母亲把它们尽数变卖了,用这笔钱在福清高山镇买了一块宅基地,盖了一栋两层小楼,又买了十几亩地,一家人得以有了安身之所。

但曹德旺的父亲只懂经商,不懂种地,在高山镇,他就是有再大的本事,也没有用武之地。而且,高山镇的地非常贫瘠,只能种一些红薯、花生、青菜之类的,根本不能解决全家人的口粮问题,一家人的日子过得困苦不堪。百般无奈之下,曹河仁只能留下妻子和孩子,只身折返上海再次淘金。

父亲走后,家里的生活更是举步维艰。面对着6个等着吃饭的孩子,曹德旺的母亲只能用自己柔弱的肩膀努力撑起这个家。自记事起,曹德旺眼前的生活画卷就饱含艰辛:每天只能吃两餐饭,而两餐也只是些汤汤水水,因此他们总是忍饥挨饿,看见什么都想吃。最艰苦的时候,曹母甚至拿花生壳磨成面粉蒸馒头。整个童年,饥饿的感觉都与他相伴。

在曹德旺的记忆中,有这样一个场景,令他终生难忘:

> "饿得难受了,我们会叫,母亲就把我们这些兄弟姐妹集中在院子里,坐在小板凳上,围成一圈,吹口琴、唱歌、玩游戏。我记得母亲出门总交代我们,千万别告诉别人我们家吃两餐,记住:'别人知道了,只会瞧不起你',出门'要抬起头来微笑,不要说肚子饿,要有骨气,有志气'。"[1]

曹德旺的母亲虽然是富家千金,结婚后也一直过着富足的生活,从未品尝过艰辛,但当生活突变时,却表现出了超乎常人的顽强意志。

---

[1] 曹德旺.《心若菩提》[M],北京:人民出版社,2014年

曹德旺一生干净坦荡，正是因为从小受母亲的影响。

不管日子有多难，母亲总会把家里收拾得干净整洁，木楼梯和木地板都被洗得发白。孩子们穿的衣服虽然都很破旧，却总是干干净净，穿破了，母亲就会认真地缝补起来，而且尽可能把补丁藏在内里，不让人看见。

生活再苦，她从未向外人诉说，对几个孩子也严加管教，告诫孩子们不能坏了本分。多年以来，曹德旺一直记得母亲那时常常对他们说的话："天下没有人会同情你的贫穷，也没有人为你解决。要摆脱贫穷，只有靠你的努力和拼搏。""穷不可怕，最怕的是没志气。""做人最重要的是人格的完整，是取得他人的信任。"

这些话一直深深地铭刻在曹德旺的心中，为他种下了一颗不甘贫穷、敢打敢拼的进取之心。

从福清首富到一贫如洗，家族的大起大落与跌宕起伏，让曹德旺在小小年纪就吃尽了苦头，尝遍了人间冷暖，但也让他拥有了豁达的心态。在一次接受采访时，主持人问他："为什么在您脸上好像看不出这种苦难的影子，反而我看到的是，那种仁慈。您是怎么修炼的？"

曹德旺淡然一笑：

"就是因为我从曹家几代的演变中悟出了很多，所以我很看得开。"

这样的家庭背景，也让曹德旺建立起了自己的财富观：

"对财富要看得开。我的祖上经历过多次大起大落，辉煌、破落都经历过。即便是新中国成立前的'四大家族'，那么显赫，今天也逐渐沉寂。明白了这些，你就会感叹自然的伟大和人类的渺小。"

爱书如命的辍学少年

曹德旺的爱好不多,唯有读书坚持了一生。在接受媒体采访时,有记者问他:"每天有多长时间可以看书?"他回答:"有一两个小时吧。"作为一名工作繁忙的企业家,每天能拿出一两个小时用于阅读,可见他对读书的热爱有多深。他在自传《心若菩提》里也曾说过自己有一个怪癖:

> "到我家千万别向我借书或要书,再好的朋友我也不会给,真是有一点儿爱书如命。"

不过,别看曹德旺这么爱书如命,但他的学历却不高,读到初中一年级就辍学了。

因为家境贫寒,直到曹德旺9岁那年,母亲才凑齐了5角钱的学费,送他去上学。那时的他还被叫作"小印度",连个正式的名字都没有。母亲只好请家族里的长辈长福伯为他取名,长福伯看了曹德旺的生辰八字后,给他取了一个学名"德旺",希望他"聪明又有德,必然兴旺"。

曹德旺很喜欢自己的新名字,在家中反复地叫自己的名字,"相信自己一定会有新生活"。

那年夏天,曹德旺终于迈入了学校的大门。然而,生性调皮的他却经常不遵守课堂纪律,甚至还在上课的时候模仿老师写字的姿势,惹得同学哈哈大笑。于是，上学不到一个月，老师就来家访，向他的母亲狠狠地告了一状。老师走了以后，曹德旺以为母亲会打他一顿，但母亲却只是坐在一边伤心地哭，吓得他连声对母亲说："不敢了，再也不敢了。"

1956年，父亲结束了在上海的闯荡，回到了福清高山镇。从那之后，调皮捣蛋的曹德旺就再也没那么容易过关了。每当遇到老师来家访，或者有乡亲们到家里来告状，父亲总会拿起皮带狠狠地抽打他。哪怕有时不是曹德旺的错，也难逃一顿鞭打。

曹德旺委屈极了，母亲也心疼不已，为他涂药的时候，她轻声安慰曹德旺："孩子，你要记住，从你出生的那一刻起，你的一生，直到将来老了，死了，你都是爸爸妈妈的孩子。这个事实，即便你跑到天涯海角，甚至改了名字，也不会改变。"[1]

这句话，曹德旺一直都记在心里。

虽然时常挨打，能有更多的时间和父亲在一起，对曹德旺来说还是一件非常开心的事情。父亲喜欢喝酒，喝到微醺时，就会给曹德旺"摆龙门阵"。

有时，父亲会兴致勃勃地给曹德旺讲述自己当年在日本布店当学徒的经历。第一年，老板只让他干煮饭、挑水、倒马桶这样的粗活脏活，吃的是人家的剩饭剩菜。到了晚上，还要对着镜子练习走路、微笑、鞠躬，练习说话的口型。就这样天天练，一直练到满意为止。第二年，老板让他挑着店里的货到处叫卖，一边卖一边吆喝。第三年，老板才让他回到店里，让他站在柜台学习接待客人、进货出货。三年一到，老板对他说："我教给你的，你都学会了，现在你可以离开我的店，自己去开店了。"曹德旺的父亲这时才感受到老板的用心良苦：第一年是练就身骨，第二年学会吃苦，第三年学会了真正的技艺。

---

[1] 曹德旺.《心若菩提》[M]，北京：人民出版社，2014年

有时，父亲也会讲他在大上海的荣耀时光。他给曹德旺看过自己珍藏的一份《新民晚报》，上面刊登着报道他的文章。

从父亲的讲述中，曹德旺对世界有了初步认识，也开始树立了自己模糊的目标：以后也要自己做生意。

虽然因为调皮被老师当成"坏孩子"，曹德旺的上学生涯还是在磕磕绊绊地继续着。直到初中一年级，事情发生了改变。

那时，为了减轻母亲的负担，曹德旺每天天不亮就会到附近的山里捡树枝当柴烧，背回家之后再匆匆吃一点儿早饭赶去上学。冬天还好，到了夏天，捡完树枝就热得满身大汗，曹德旺只好跳进河里洗个澡，然后再去上学。因为每天起得早，还要干繁重的体力活，上课的时候他总觉得又累又困，有时实在支撑不住，就趴在桌子上睡着了。

对于他的这种行为，老师非常生气。有一次，见他屡教不改，老师愤怒地把他拎到了教导主任面前，让他来惩罚这个不听话的学生。

经验丰富的教导主任在曹德旺的胳膊上划了一道，发现能划出白痕，便知道他下过水。于是，放学之后，教导主任把全校学生都召集到操场上，当着所有人的面把曹德旺拎到了队列前，一边让大家看他胳膊上的白痕，一边用非常刻薄的语言奚落他。同学们听了之后纷纷大笑起来，让曹德旺非常难堪。

"批斗大会"终于结束了，曹德旺心里却愤恨不已。这时，他看到教导主任往厕所方向走去，一时冲动便悄悄地爬到了墙头上，把尿尿到了教导主任头上。

气急败坏的教导主任找到了曹德旺家中，母亲连忙向他解释："孩子是因为捡树枝当柴烧，干完活觉得自己太脏了才跳到河里洗澡的，不是因为玩水。"教导主任听了之后一愣，什么也没说就转身离开了。

虽然学校并没有给曹德旺什么处分，但他却再也不想上学了。他把自己关在屋子里，哭了很久，心里既有委屈，也有悔恨，还有懊恼，可谓百感交集。

辍学之后的曹德旺只能给队里放牛，挣工分，成了一个放牛娃。

虽然不上学了,但他心中仍然有对读书的热爱,于是,放牛的时候,他把哥哥用过的旧课本带在身边自学,还割了一年马草攒了8角钱买了一本《字典》,又割了三年马草攒了3元钱买了一本《辞海》。读书的时候,很多字看不懂,他就用《字典》和《辞海》一个一个地查找,从它们认得他,到他认得它们,都是这样一个字一个字查出来的。

这种对读书的热爱,贯穿了他的一生。在他看来,凡是书,"入眼皆可读,读来皆入心"。那时,只要是印有字的纸,他都会拿起来读,曹德旺很多知识的积累,都来自于这样的自学。

不但常读"有字的书",他还善于读"无字的书",他曾说:

> "有钱容易,有思想有境界不容易。人生要读两本书,一本是'有字的书',一本是'无字的书'。有字的书记载着古今中外的故事、案例,你可以借鉴,但千万不要照搬。无字的书就是阅历、能力和见识,我们每天看的电视、跟人相处、两个人的辩论……都是一本书,要懂得从中汲取精华,将其中的学问和过去结合,这才叫智慧。"

因为太爱读书,他不仅自己看,还鼓励企业的同事一起看。为此,由他倡导的"福耀阅读计划"10余年来长盛不衰,遍布全国的20余家子公司均标配图书馆、阅览室,同时还增设各办公机构图书角,藏书达百万册以上。曹德旺还把自己的这份情怀与社会共享,他捐赠4亿元建造的福州市图书馆亲民、舒适、开放,成为市民的大书房,也是国内一流的一级公共图书馆。

汉代刘向说:"书犹药也,善读可以医愚。"其实,读书不止医愚,还能提升自我的修养、拓宽视野等。虽然曹德旺学历不高,没有受过完整的教育,却通过读书不断汲取新知识,让自己不断进步、不断提高。这个良好的习惯,也是支撑曹德旺把事业做得如此之大的重要原因之一。

跟着父亲做生意

"我是从最底层走出来的,这是我一生的财富。"动荡的时代与拮据的经济,让曹德旺的成人礼来得太早。

放牛的日子并不好过,曹德旺每天披星戴月、早出晚归,只能赚到两个工分,村里的一些人还经常说牛没吃饱,向生产队长告状。后来,曹德旺回忆说:

> "这让我在幼小的年纪里就体验了成人世界的险恶与底层百姓受欺凌的滋味。这样的人情冷暖,成为我后来处世的经验。"[1]

小小年纪总不能一直放牛,15 岁那年,哥哥给他在福清薛港农场找了一份工作——负责数大人挖好的树坑。每天大人挖好树坑,他去数一遍,就可以拿到 5 角钱的报酬。

这个活儿看起来非常简单,但真正做起来却并不容易。因为树坑太多了,数错一个,就只能从头重新数。因此,很多人宁肯出大力挖树坑,也不愿意干这数坑的"轻省活儿"。

一开始,曹德旺也经常数错,但他一直在琢磨:怎么才能一次就数清楚,降低出错率呢?后来,他想出了一个好主意——用树枝做记

---

[1] 曹德旺.《心若菩提》[M],北京:人民出版社,2014 年

号,一个坑一个坑地点过去,效率大幅提升。

曹德旺由此体会到了一点:做任何事都要用心,只要肯动脑筋,总会想出办法来的。

凡事多用心,这也是父亲教给他的人生道理。

曹德旺记得,有一次父亲一边就着花生米喝酒,一边问他将来打算做什么。这个问题把曹德旺问懵了,父亲看到他茫然的样子,笑了笑,接着说:"做事要用心,有多少心就能办多少事。你数一数,你有多少个心啊?"

曹德旺扳着指头数起了与心有关的词:"用心、真心、爱心、决心、专心、恒心、耐心、怜悯心……"然而,尽管数出了很多心,当时的他却并不能完全领会父亲所说的道理。后来,随着一天天长大,随着事业的发展,他能数出来的"心"已经不是一双手能够容得下的了,这时的他才明白,父亲告诉他的人生真谛是多么宝贵。

在薛港农场的日子没有持续多长时间,没过多久,父亲就骑着自行车来找曹德旺,让他回家和自己一起做生意。

父亲计划贩卖烟丝来补贴家用,用自行车当运输工具,从福州一个杂货铺买香烟运到高山镇卖,从中赚取差价。但在那个年代,是不允许自由买卖商品的,一旦被抓到,就会以"投机倒把"论处,轻者没收,重者收押,游街示众。为了规避风险,父亲把香烟装在曹德旺的书包里,让他跟着自己走,因为成年人一定会被盘查。曹德旺当时虽然已经 15 岁了,但身材矮小,看上去好像也就十二三岁的模样,所以检查人员通常不会怀疑他,也不会检查他的包。

几次下来,果然都是父亲的自行车被拦下,曹德旺却通行无阻。

于是,父子二人就这样开始了贩卖烟丝之路——曹德旺负责进货,父亲负责销售。从曹家所在的高山镇到福清县城有 100 多公里,对一个只有十几岁的孩子来说,艰辛程度可想而知。

有一个冬天,曹德旺受了风寒,身体很不舒服,但他仍然坚持去进货。结果,骑了没多久,他就腹泻严重,只能骑一会儿停一会儿,腿越来越软,踩着自行车的脚踏就像踩在棉花上一样。山路又崎岖窄小,一不小心就可能连人带车翻下山涧。50多公里的山路,平时他骑车半天就到,那次用了整整一天时间。好不容易翻山越岭来到进货的杂货铺,已经是晚上8点钟,这时,强撑着的曹德旺才一下子瘫倒在地。杂货铺的老板见状,赶紧给他烧了热水,煮了稀饭,曹德旺吃过之后,就迷迷糊糊地昏睡了过去。

那个年代没有电话,无法及时通报消息。他迟迟没有回家,父母急得如同热锅上的蚂蚁,一趟又一趟地去镇口接他,却始终不见他的踪影。第二天天还没亮,父亲就摸黑上路,一路找到杂货铺,看到儿子没事,才长舒了一口气。

那一次,曹德旺的父亲遭到妻子的不少埋怨。从那之后,他们就不做烟丝生意,改做水果生意了。

曹德旺还是负责进货。无论是寒风凛冽的冬天还是酷热难耐的夏天,他都会风雨无阻地在凌晨两点起床,骑自行车到县城采购,然后拉着300斤的水果再骑行6个多小时回到高山镇,和父亲一起批发给当地的商户,忙到晚上七八点才能回家。这样辛苦,一天也才能赚到3块钱,一家人全靠这3块钱生存。

当时的曹德旺17岁,正是贪睡的时候,凌晨两点睡得正香,哪里起得来。他母亲就只好坐在床前,轻轻喊他:"德旺,起床了!"

常常,曹德旺睁开眼,看到母亲的眼角还有一丝泪光。

"妈,你为什么哭?"

"傻孩子,妈没有哭,只是难过。"

"为什么难过?"

"唉,把你叫醒难过,不叫你又不行。"母亲的眼泪在眼眶里直打转:"你小小年纪,小小个子,就要承担起家里的重担。孩子,难为你了。"

正是从那时起,曹德旺养成了早起的习惯,也养成了勤劳的习惯。

虽然不是家中的长子,曹德旺却用自己稚嫩的肩膀托起了一个家庭的希望。多少年后,曹德旺回忆起夏天载着水果在山路上骑行的情形时曾说:"就像在火里穿行。"而当时的动力则再朴素不过——让全家人把日子过得好一点儿。

后来,他说:

> "小时候的贫穷对我来说是一种非常难得的磨炼,我学了很多东西。碰到过很多很多麻烦,因此我的智慧来自生活上的磨炼,而不是来自书本上。"[1]

曹德旺的童年乃至整个青年时期都充满了艰辛,都在为了生存而不懈努力。然而,他仍然感激那段时光,在艰苦的岁月里,他感受到了母亲对他深深的爱,也从父亲身上学会了很多经营之道。

和父亲一起做生意的几年磨炼,让曹德旺成熟了很多。他开始思考自己未来的出路,在他看来,父亲虽然聪明,也很会做生意,但做的都是小本生意,而且所做的事,政府也不认可、不支持,根本没有前途可言。他觉得自己还年轻,不能走父亲的老路,他要做政府允许的事,做能赚钱的生意。

事实证明,曹德旺的判断是正确的。水果生意做了三四年后,父亲又回头做起了烟丝生意,因为贩卖烟丝的利润比卖水果高多了。不到一年,父亲被当地工商总局抓了现行,烟丝被收缴,自行车也被没收了。父亲烟摊被收缴,更激发了曹德旺外出闯天下的决心。

---

[1]《曹德旺的第一桶金》,《悦读·家》,2019.8.18

一波三折的"第一桶金"

1968年,曹德旺完成了自己人生中的一件大事——结婚。

因为三年困难时期,曹德旺一家不得不过着食不果腹的生活,他的母亲得了浮肿病,常常全身浮肿,严重的时候连路都走不了,需要有人照顾。曹德旺虽然有5个兄弟姐妹,但大哥还在上学,大姐已经出嫁,妹妹年纪也小,都无法在母亲身边每日照顾。于是,父亲就和曹德旺商量,给他娶个媳妇,帮忙照顾家里。

当时那个年代,都是传统的包办婚姻,讲究的是"父母之命,媒妁之言",年轻的曹德旺无力抵抗这种风俗,再加上他也想早日独立生活,于是就同意了。

舅舅给他介绍了同村的一个姑娘,叫陈凤英,曹德旺的母亲看了之后,很是满意。于是,家里东拼西凑了500块钱,送到陈家,作为聘礼。就这样,曹德旺和陈凤英结了婚。

结婚之后,曹德旺打算出去闯一闯。当时,很多人都在种白木耳,政府也不反对。曹德旺便也想去试试水。

可是,做生意需要钱,钱从哪里来?

思来想去,别无他法,他只好劝说妻子把她的嫁妆变卖了。信奉"嫁鸡随鸡,嫁狗随狗"的陈凤英很痛快地答应了。就这样,曹德旺有了本钱,一头扎进了创业的艰苦浪潮中。

曹德旺开始埋头种起了白木耳。他做事一向用心,种白木耳也是如此。虽然欠缺经验,但那一年他种的白木耳仍然收了十几斤,并且大部分都是一级品。曹德旺高兴极了,满心期待着这些白木耳能卖出个好价格。但当时在福建,像曹德旺一样种白木耳的人实在是太多了,等级再高的白木耳也卖不上价,这让曹德旺沮丧极了。

就在这时,他听说在江西,一斤白木耳能卖 50 块钱。少年时随父亲贩卖烟丝和水果积攒下的经验起了作用,他迅速坐火车到江西鹰潭,果然,白木耳很快就卖掉了,800 块钱轻松到手。曹德旺一算账:扣除成本,虽然没亏,但是也不赚。

在从鹰潭回福州的火车上,曹德旺一直在盘算:种白木耳根本就不赚钱,那么,怎么才能赚钱?思考之后,他发现,在福建的村里以低价收购白木耳,然后运到江西去卖,可以赚取不菲的差价。

雷厉风行的曹德旺回到高山镇之后,马上用手里的 800 块钱四处收购白木耳,然后卖到江西,一次就赚了近千元。尝到甜头之后,曹德旺开始往返于福州和江西两地之间,每次都赚得盆满钵盈。

赚钱多了,胆子就大了。这时,镇里的一个领导提出要入股,虽然不投钱,却向曹德旺承诺,以后如果遇到什么麻烦可以找他开证明。曹德旺一听,觉得自己的生意从此以后就有了保障,胆子越发大了,决定大干一场。

紧接着,曹德旺收购了足足 3000 元的白木耳,他想趁着这个机会大赚一把。让他没想到的是,在江西火车站,因为包太大,他引起了火车站民兵的注意。民兵们看到他带着这么多白木耳,认定他是在"投机倒把",于是把他的货扣了下来,送到了附近的收购站。

曹德旺赶紧辩解说,这些白木耳是公社集体的东西。民兵们听了之后,对他说,"那货就先给收购站收了,钱暂扣,你开了证明再来拿。"

曹德旺一下子傻眼了。

回到高山镇之后,他赶紧去找那个领导,希望他能帮帮忙,给开个证明,谁知道对方一听说出事了,马上说自己胃疼,第二天更是让曹德旺吃了个闭门羹。

曹德旺这才恍然大悟：这位领导不过是想空手套白狼，他当时的承诺只是一句空话罢了。

没赚到钱，还赔得一无所有，绝望至极的曹德旺"几乎把一辈子的眼泪都流干了"。

拿不回货款，就无法给乡亲们结账，怎么向那些信任自己的乡亲们交代？曹德旺知道，躲着是行不通的，再大的问题，也要勇敢面对。于是，他挨家挨户上门，向乡亲们说明白木耳被扣的经过，并向他们承诺等有了钱，马上就会给他们结算货款，恳请他们给自己一段时间筹款。幸运的是，乡亲们相信曹德旺的信誉，愿意等待。

忙碌了一天，曹德旺才拖着疲惫的身体回到家中。家里，一个大队干部正在等他，告诉他还欠着"06工地"十个义务工，如果去不了的话，也可以交30块钱。

当时，福清县政府动员老百姓的力量，在渔溪镇修水库，这个工程是1970年福清县第6号工程，所以人们把这个工地称为"06工地"。村里的每个男劳动力都要出十个义务工，曹德旺因为倒卖白木耳一直没有出工。他原本可以像其他人一样花30块钱来代替出工，不过，眼下的他实在是囊中羞涩，只能选择自己去工地。

1971年春节过后，曹德旺就收拾好行李，来到了"06"工地。他到这里的第3天，工地上就发生了一件大事：民工们住的营房不小心失火，大火噼里啪啦地从下午三四点烧到晚上6点，营房里的所有东西都被烧成了灰烬。

望着满地狼藉，所有人都乱成了一锅粥：有人吵吵嚷嚷着要赔偿，有人想开工却没有板车，还有人的板车烧坏了没地儿修理……营长和教导员急得焦头烂额。

经历了白木耳被扣、来工地被烧，曹德旺彻底心灰意冷了。后来，他回忆自己当时的心态说："这是天要亡我，既然我要亡了，就帮他们渡过这个难关吧！"

于是，曹德旺主动向营长请缨，说："我会修车，有车才能干活，工期不能耽搁，赔偿的事，可以边干边说。"营长感激地说："这样比较好。"

这之后，曹德旺在路边搭了个简易修车棚，找人写上"高山修理所"5个字，开始了自己的修车生涯。整整28天，他一心埋头修理板车，没有离开过修车棚一步。吃的喝的，都是经过的民工捎来的。

他不知道救济的物资已经到了，也不知道要领赔偿金了，直到有一天，营长、教导员盘点物资和赔偿金时发现少了一人，反复核对名单，才发现原来曹德旺一直在自己的"世外桃源"修车，一直没有来领钱。教导员赶紧让通讯员把他找来。

当教导员看到曹德旺时眼圈都红了，只见他头也没洗，发也没剪，胡子拉碴，与乞丐无异。教导员心疼地拍了拍曹德旺的肩膀，说："你是我们营最后一个没有领到赔偿的人。"

教导员把剩下的赔偿款包括粮票、布票、救济物等都给了曹德旺，他把那些粮票、布票和物资变卖了之后，发现竟然足足有1000块钱！这在当时，可是一笔巨款。有了钱之后，曹德旺做的第一件事，就是还清欠乡亲们的货款。那一刻，他的心情是从未有过的畅快！

后来，教导员又替他出面从公社开出证明，索回了被江西鹰潭火车站强扣的货款。他好不容易赚来的"第一桶金"历尽波折，终于失而复得。

不吵不闹，得到了一大笔赔偿。忘我工作，有如神助索回了货款。曹德旺这番一波三折的经历，正应了一句古话：吃亏是福。曹德旺曾经自比金庸笔下的石破天（《侠客行》里的人物），人傻乎乎的，经常做傻事，没有花架子，但最终都能逢凶化吉。其实，好运从来不是凭空而来的，只有能吃亏的人才配得上这样的幸运。

第二章

用心做人:"人做好了,做事就容易"

为人处世,最关键的就是"人和"。人和,则事成。如果没有"人和",我们所做的一切努力都可能会白费,而有了"人和",人生就像安装了引擎一样疾速向前。

好心贵人助

俗话说:"天时不如地利,地利不如人和。"为人处世,最关键的就是"人和"。人和,则事成。如果没有"人和",我们所做的一切努力都可能会白费,而有了"人和",人生就像安装了引擎一样疾速向前。而在"人和"中,最重要的,莫过于贵人相助。"贵人相扶如天助",如果在人生旅程中,有一个时时提携你、能为你带来巨大资源的贵人,鲤鱼跳龙门就成了寻常之事。

曹德旺的人生,也有贵人相助。

1972年,曹德旺经人介绍到莆田的大洋农场做果苗技术员,每个月有40元的收入,足以养家糊口。这一年的夏天非常热,太阳每天都火辣辣的悬挂在高空中,地面上像着了火一样,热得让人仿佛身在蒸笼之中,透不过气来。

一天中午,曹德旺正坐在农场旁边的大树底下乘凉,忽然看到马路上远远走过来一个人。闲着无事的曹德旺便打量起这个人,只见他穿着一身洗得发白的旧军装,戴着一顶旧草帽,看上去非常落魄的样子。可能是因为在烈日下赶路的缘故,头发都已经被汗水打湿了,汗滴沿着他那被晒红的脸庞不断地往下滴落。

他径直走到曹德旺身边,问道:"老乡,我能不能借你的吊桶用一下,打点儿水喝?"曹德旺乘凉的大树旁,有一口水井,那人是想喝井水解渴。

曹德旺看着一身大汗的他,好心地劝他:"你这么累,猛喝生水容易生病，你等下，我屋里有泡好的凉茶。"

说完，曹德旺就跑回房间，把自己泡好的一大壶凉茶拿给他，那个人也不客气，咕咚咕咚，一口气全喝光了。

喝完凉茶，两个人攀谈起来，曹德旺这才知道，原来他是要从永泰回福州，但在永泰等了3天都没买到长途车票，就打算一路走回去。曹德旺一听，赶紧劝阻他："你走到现在才走了不到一半的路程，就累得快要中暑了，这是不行的。你不如今晚先住在我这里，我给你弄点儿饭，你吃饱了好好休息一下，明天我把你送上车，去福州的司机跟我很熟。"

那人想了一下，同意了。

两人回到宿舍后，曹德旺用煤油炉给他煮稀饭，下了半斤米，那人连连说："不够，不够，再多点儿。"于是，曹德旺又下了半斤米。

饭煮好之后，还没等曹德旺招呼，那人端起碗就喝了起来，一粒米都没有剩。放下碗筷之后，还毫不客气地问道："你留我在这儿，晚上有酒喝吗？"

曹德旺一听，乐了，心想：真是够爽快！他喜欢这种直爽的性格。

于是，他又到公社食堂找司务长，借了一瓶酒、一斤花生米、10个鸡蛋。那天晚上，两个人边吃边聊，越聊越投机。这时，曹德旺才知道，那人名叫王以晃，是山兜农场的场长。他经常天南海北地闯荡，见识很广，给曹德旺讲了许多他听都没听过的故事。

其实，曹德旺当时收留他，只是出于自己的善良和同情心，然而，王以晃却感恩于心，坚持请他到山兜农场当销售员。

起初，曹德旺以为王以晃不过是随口说说，没想到，1973年的春节，王以晃专门来给他拜年，再次邀请他到山兜农场跟自己一起干，甚至还亲自动手给他收拾起了行李。

曹德旺也不再推辞了，1973年正月初五，他来到山兜农场，做起了销售。

这次机缘巧合，给曹德旺的人生带来了一次巨大的转机。王以晃的提携，对他来说，无疑是成功路上的催化剂。

因为刚入行，曹德旺没有销售经验，第一年几乎没创造什么业绩，但是王以晃还是顶着压力给他分了一万块钱。拿着这笔钱，曹德旺感动不已，他知道，虽然王以晃是场长，要做出这样的决定也不容易，一定会遇到很多阻力。他想，一定不能辜负好兄弟的支持和信任，一定要好好干！

第二年，曹德旺开始发愤图强，精明的他很快就摸清了销售的窍门，在这个领域做得越来越得心应手。到了年底，一算账，这一年他赚了3万块钱。第三年，又赚了3万块钱！

6万块钱，在当时算得上是天文数字了。曹德旺也不敢露富，把钱全都藏在家里的床铺下，铺了厚厚一叠！

在山兜农场的那几年，曹德旺感觉如鱼得水，原本他下定决心要在这里干一辈子，可是，后来发生的两件事，让他改变了主意。

第一件事发生在1975年冬天。有一次，他和几个农场干部的子女一起运送树苗到明溪县。刚到明溪县，就遇上了倾盆大雨，雨越下越大，让人心越来越慌，街头巷尾都在传言这里要地震了。那几个干部子女听说了之后，纷纷收拾行李回到了农场，留下曹德旺一个人和20多万株树苗。

曹德旺心疼这些树苗，一个人冒着瓢泼大雨看守了很多天，最终一棵树苗都没有丢。雨过天晴之后，曹德旺把树苗卖了，拿着货款回到了农场，向场领导汇报了明溪之行的情况，并要求领导对临阵逃脱的几个人进行处理。谁知道，领导却一直打哈哈，不愿意问责。

场领导的表现令曹德旺非常失望，后来他说：

"一个没有组织纪律的企业不会有发展，一个不会发展的企业不是久留之地！"[1]

正是从那时开始，曹德旺萌生了离去之意。

1976年春节发生的事，更让他坚定了自己的想法。这年春节，曹德旺回到了高山镇老家，这期间，几个陌生人前来拜访他，开门见山地说想请他去帮忙一起做树苗生意，给出的提成比例是40%，对方还挑明了说，这可比你在山兜农场的提成高一倍。

按理说，有人花大价钱来挖自己，曹德旺应该高兴才是，但是他转念一想，卖树苗的底细都被人摸得清清楚楚了，自己的情况福清人一定都了如指掌，搞不好会有大风险！

于是，他拒绝了那几个人，并决定退出苗木界。

刚过完年，曹德旺就返回山兜农场向王以晃辞职，王以晃虽然感到遗憾，却也知道，只要是曹德旺决定的事情，九头牛都拉不回来。

农场的生活就这样画上了句号，但在农场的经历却为曹德旺开启了新的人生篇章。更重要的是，在这里他收获了人生中的第一个好兄弟。虽然他和王以晃不在一起工作了，但曹德旺始终把他当成自己生命中的贵人，心中牢牢记着他对自己的情义。

1980年冬天，王以晃查出了肝癌晚期，在曹德旺前去探望时，他把自己的子女托付给了好兄弟。曹德旺毫不犹豫地承担起了这个责任，为了让王以晃安心，他还用心张罗起了王以晃大儿子的婚事，又是出钱，又是出力，还出面邀请过去的老朋友们来参加婚礼。后来有朋友问他为什么那么尽心尽力，他只说了4个字——"义不容辞"。

当曹德旺躺在大树底下乘凉的时候，怎么也不会想到，一次小小的善举，竟然彻底改变了自己的命运，也影响了另一个人的生活。若是每个人都能像曹德旺一样，以善心去影响善心，以善心去回报善心，就一定能创造出更广阔的未来。

---

[1] 曹德旺.《心若菩提》[M]，北京：人民出版社，2014年

牵线搭桥建玻璃厂

1976年，是一个什么样的年代？

这一年，"四人帮"被彻底粉碎，给党、国家和人民带来深重灾难的"文化大革命"终于结束了。中国再次出发，中国人民开始挣脱苦痛，再一次让世人刮目相看。

当时，改革开放的春风虽然还未吹遍整个神州大地，却有一些勇敢的先行者已经做起了"第一个吃螃蟹的人"，开始探索新的经济建设模式，曹德旺就是其中之一。

离开山兜农场回到高山镇之后，曹德旺一直在思考自己的出路。一个大胆的想法在他的脑海中一直盘旋着。

这个想法的由来，要从1975年冬天曹德旺的明溪之行开始说起。当时，在瓢泼大雨和地震的传言中，几个干部子女抛下他和20多万株树苗回了农场，一个人看守树苗的曹德旺便认识了很多像他一样被困在明溪的人，其中，有两个人与他十分投缘，一个是老吴，一个是小林。没法出门的日子里，3个人时常一起喝茶、喝酒、聊天。

老吴以前是明溪县二轻局的采购员，走南闯北，见多识广。谈话间，他突然问曹德旺："老曹，你有没有想过做其他生意？"曹德旺连连点头，他当然想，他做梦都想闯出自己的一番事业。

老吴见他很感兴趣，就向他介绍起了自己想到的好点子：家家户户厨房里都有水表，一块小小的水表玻璃，竟然能卖到5角钱！而且，这个水表玻璃做起来一点儿都不难。

末了，他问曹德旺："你想做吗？如果你想做，我有渠道、有办法，可以帮你做起来。"

曹德旺心动了。

那个下午，3个人一直兴致勃勃地讨论办玻璃厂的可行性。最后，他们得出了一个结论：这件事可行，因为他们有市场——老吴对市场进行过调研，发现缺口很大，也有技术——小林是大学生，懂技术。

但只有市场和技术还是远远不够的，要想办起一个玻璃厂，摆在他们面前的还有很多关卡：资金、土地以及老吴和小林的户口问题——在当时那个年代，如果要把玻璃厂办在高山镇，他们的户口必须从明溪县迁到高山镇。

因此，如果曹德旺想把这件事办成，就要说服高山镇的领导，为他们提供资金，提供土地，同时，解决老吴和小林的户口问题。这几个问题，一个比一个难解决。

但曹德旺的字典里从来都没有"难"这个字。哪怕是千难万阻，也挡不住他创业的决心。

从山兜农场辞职之后，他就一心琢磨起了办玻璃厂的事。在那个年代，办工厂都是国家的事，他一个农业人口，想办工厂，谈何容易？于是，他决定先找高山公社企业办的方主任谈一谈。20世纪70年代末期的农村，执行的政策是"以粮为纲，全面发展，多种经营，适当集中"。公社办的各类企业多了，管理这些企业的政府机构也应运而生，公社的企业办就是这样一个机构。

曹德旺详细地介绍了水表玻璃的商机，并说起了自己的设想：把平板玻璃钢化、打磨后制作成水表玻璃出售，赚取增值利润。他讲得眉飞色舞，方主任听得也是兴致勃勃。这时，曹德旺话锋一转，说道："做这个项目，办厂需要20万资金和10亩地盖厂房，这要麻烦您去同公社书记商量一下。"

方主任听了，摇摇头："资金和土地都不是问题，但哪里找这方面的人才？"

曹德旺马上说："我认识两个人，他们是这方面的行家。如果公社同意做，你们可组织几个人去见他们，再组织人去上海考察。"紧接着，他就简短地介绍了一下老吴和小林的情况，并把他们的条件也如实地告诉了方主任：必须帮他们解决户口问题。

方主任一听，兴奋极了，说回去就向书记汇报，让曹德旺等他的消息。

谁知方主任一去就不复返，曹德旺一直等啊等，就像热锅上的蚂蚁一样。

直到几天之后，方主任才找到了曹德旺，告诉了他一个好消息：公社领导同意了办玻璃厂的计划。

曹德旺高兴极了，一分钟也没敢耽搁，马上到公社邮局给老吴和小林打了长途电话，约他们在明溪见面。

这之后不久，曹德旺与方主任便一同来到了明溪，与老吴、小林会合之后，又一起前往无锡和上海进行考察。

考察时的一个情景，曹德旺至今记忆犹新：在上海的北京路，一家玻璃店后面搁着一台炉子，里面正在生产玻璃。我问小林："这样的炉子，我们能造得出来吗？"小林左看看右看看，很肯定地说："可以，技术上可以解决。"

带着兴奋，考察组一行回到高山镇。

方主任马上起草了考察报告和立项报告，提交给了公社，同时提交的，还有关于解决老吴和小林的户口问题的申请。

公社很快做出了批复：同意成立高山异型玻璃厂筹建处，企业办方主任兼任筹建处主任，同时同意将老吴和小林的户口迁到高山公社居委会。

1976年10月，高山异型玻璃厂的筹建工作正式展开，曹德旺也满怀热情地参与到筹建工作中，从此彻底地和农业挥手告别，走上了工业的道路。

然而，渐渐地，他却发现，自己在其中扮演的角色越来越尴尬。原来，方主任在明溪见到老吴和小林之后，马上喜出望外，他知道，这两个人对玻璃厂的建设是至关重要的。而在中间牵线搭桥的曹德旺，却成了可有可无的人。后来，在设置工厂的重要岗位人员时，方主任竟然提都没提曹德旺的名字。

但老吴和小林却感念于曹德旺对他们的帮助，坚持要在玻璃厂给曹德旺安排一个职位，并且一再强调："老曹不能没有位置。他是一个很好的销售人员。我们办工厂，生产出来的东西由谁去卖，卖给谁，这些都是要老曹在，才能更好地解决的。在产品生产出来前，也要采购东西，他可以做采购员。"

就这样，曹德旺成了高山异型玻璃厂的采购员。

虽然尽心尽力却得不到重视，曹德旺却没有什么怨言，始终怀着一颗感恩之心。后来，他说：

> "饭是要一口一口地吃的，经营企业的经验积累也需要一个过程。所以，我想，只要能让我站在工业的平台上，做什么职位，并不重要。只要给我这个平台，将来我就能做出最好的企业来。"[1]

初始、混沌、无序是曹德旺走上创业之路时的时代背景，然而，真正有商业智慧的人，却依然能在这个草莽时代，敢为天下先，抓住稍纵即逝的机遇，开拓出不凡的事业。

---

[1] 曹德旺.《心若菩提》[M]，北京：人民出版社，2014年

夹缝中的采购员

从 1976 年到 1979 年，经过 3 年的筹备工作，高山异形玻璃厂终于开始了试生产。然而，开工之后，却问题重重——工厂的成品率一直非常低，生产不出合格的玻璃。

谁也不知道问题究竟出在哪里，因为工厂始终没有解决这个关键问题，在将近一年的时间里，厂长就像走马灯一样换个不停。从员工到公社领导都很着急，有人甚至开始怀疑：建玻璃厂是不是一个正确的决定？

虽然曹德旺只是一个采购员，但他的压力一点儿也不轻。因为建玻璃厂的建议是他提出的，两个重要的人才老吴和小林也是他引进的，投了那么多的钱，花了那么多的时间和精力，为什么就是生产不出合格的产品？那段时间，他无时无刻不在思考这个问题。

后来，经过分析，他认为建厂的方向是没错的，问题出在了用人上。他想：小林真的懂玻璃生产吗？最初，他们只是听小林说水表玻璃的制造工艺非常简单，只要打磨一下再进行钢化就可以了。但事实证明，虽然只是生产一片小小的玻璃，却大有门道。

于是，曹德旺决定到上海搬救兵。他对方主任说："我在上海有一个朋友，通过他可以找专家来帮忙看一下问题究竟出在哪里。"公社批准后，曹德旺就星夜兼程地赶往上海。

曹德旺此行的目的地是上海建材局，到了那里后，他马上找到自已跑采购时认识的朋友陈克远，开门见山地说出了高山异形玻璃厂的难处。正所谓"踏破铁鞋无觅处，得来全不费工夫"，陈克远一听，马上说："你来得真是太巧了，上海耀华玻璃厂有一个韩厂长，刚刚调到我们处任副处长。"

在陈克远的帮助下，上海耀华玻璃厂同意派一个工程师跟曹德旺一起回高山镇，帮他们解决问题。

不久，在机场，曹德旺接到了这位工程师——李维维。但他没想到，上海耀华玻璃厂派来的竟然是一位女工程师，这多少有些超乎他的预想。当他看到对方虽然衣着简朴，浑身却散发出一种大小姐的气质时，心里忍不住犯起了嘀咕：上海耀华玻璃厂是不是派错人了？

那时的他根本想象不到，这个外表文弱、举止优雅的上海女子，竟然能力挽狂澜，将高山异形玻璃厂从困境中拖出来。他更想象不到，在以后的日子里，她会成为他的左膀右臂，为他扫清技术上的一切障碍。

经过舟车劳顿，曹德旺终于带着李维维回到了高山异形玻璃厂。厂长看到这位全厂翘首期盼的"大救星"竟是一位女同志，脸上也流露出了失望与怀疑。

但李维维很快就让他们刮目相看。

当时正是吃午饭的时间，厂长提议，先去吃个饭，顺便给远道而来的李维维接风洗尘。李维维却坚持先去车间看一看。到了车间，她劈头就要看图纸，边看边走，不时针对图纸里的专业问题发问。然后，她看了看风箱面板、风嘴排列，又爬上高炉，绕着走了一圈，当即指出了核心问题所在——改善电炉丝。只要更换新的电炉丝，第二天就可以出玻璃了。

这干净利落的行事作风，令曹德旺暗暗佩服，于是他一丝不苟地按照李维维的指挥去部署。当天下午，就组织员工加班加点通宵达旦地改造，第二天天一亮，等李维维再到工厂时，所有需要改进的地方都已经严格按照她的要求改好了。

李维维大吃一惊，她怎么也没有想到，只用了一个晚上，这里的工人就完成了上海工人需要花两天时间才能完成的工作。她感觉有些难以置信：如此赶工，真的能保质保量吗？

于是，她戴上手套，俯下身来，仔细地检查每一个线圈，最后满意地说："开机试试吧。"

推上电闸，接上电源，摁下开关，电炉预热几小时后开始生产。上片、下片、钢化……不一会儿，钢化好的玻璃送到检验台。"合格！"检验员高声喊道。

高炉终于出玻璃了！工人们全都欢呼了起来。

看到这一片片合格的玻璃和工人疲惫而又幸福的笑脸，李维维感动了：这是她以前从未遇见过的一群人。"虚心学习，努力工作，充满热忱。有这样一群人，还有什么做不出来？"李维维后来对曹德旺说。

李维维的技术客串到此就画上句号了。在高山异形玻璃厂，她前后也就停留了一个星期的时间。但这几天的接触与磨合，已经足够让曹德旺和李维维了解彼此的行事风格。

"后来李维维愿意放弃上海的优厚条件来到高山，又一直留在福耀，就是因为这件事。"福耀的一位员工回忆道，"李维维对我说，那次算认识曹德旺了，他有行动力，大家也服他，愿意跟他干。"[1]

而这次高山之行，只是他们一生合作的序幕而已。

李维维离开高山异形玻璃厂的时候，为了感谢她，厂长偷偷送了一块走私的坤表给她。当时，福建沿海充斥着各类走私物品，大多是渔民用海产同台湾地区的船老大换来的。各类名牌手表如欧米茄、浪琴、梅花、精工等，很受大陆百姓的欢迎。不过李维维出身名门，对这一类的奢侈品牌早已习以为常，因此并没有在意。

她找到曹德旺，把表给他看："这是你们厂长刚才偷偷送给我的，

---

[1]《曹德旺的真心话》，朱东君、郑心仪，《环球人物》，2017.1.1

还说让我不要告诉你。我不要,他硬要我收下。你看,这表怎么处理?"

曹德旺倍感失望,后来,他曾回忆道:"人是我请回来的,厂长送表给她还叮嘱不要让我知道,这意味着什么?"[1]

送走李维维,坐在回高山镇的车上,曹德旺心中充满了失落:他出于对玻璃厂的责任心站了出来,主动请缨到上海,费了九牛二虎之力,通过关系请来专家帮助工厂解决了困扰几年的难题,而厂长给他的回报就是瞒着他送一块手表给别人?

曹德旺知道,厂长这是不信任自己,防着自己呢。但即便如此,在那个时候,他也只能选择装傻,毕竟,自己只是寄人篱下,识时务者为俊杰。

虽然身处"夹缝"之中不被信任,但曹德旺做起事来仍然兢兢业业,以大局为重。正是因为他不执着于一隅,不只着眼于一城一地的得失,他的路才会越走越远。

---

[1] 曹德旺.《心若菩提》[M],北京:人民出版社,2014年

泡澡"泡"出的人脉

自从玻璃厂的生产走上正轨后,曹德旺的大部分时间都泡在福州。他最常去的地方,是福州的澡堂。

很多人或许会不解:曹德旺泡澡堂究竟为何?

当时,玻璃厂要生产水表玻璃,需要大量的平板玻璃。而在计划经济时代,像玻璃这样的生产材料不是随便可以买的,需要指标。要想得到指标,通常有两种途径,第一个途径是政府下发,每个相关的国有企业,政府每年都会按计划下达相应的供应指标,就像每个家庭,每年都固定按人口配给粮食、布票、肉票、鱼票、糖票一样,也叫计划内的指标。第二个途径是市场调剂,也就是计划外指标。这就需要各个企业的采购员"八仙过海,各显神通"了。在那个年代,考验一个采购员能力高低的标准,就是看他能不能从其他企业那里把富余的指标拿来,能不能从政府机构手中拿到批件。

高山异形玻璃厂是一个乡镇企业,计划内的指标很少,只能在另一条路子上想办法。为此,曹德旺绞尽了脑汁,每天都在思考:到哪里搞指标?

当采购员这些年,曹德旺积攒了丰富的经验,也认识了很多性情相投的朋友,积攒了丰厚的人脉。到了关键时刻,他的人脉就发挥了作用——他的一个叫张铁干的好兄弟,得知他遇到难题后,拍拍胸脯说:"兄弟,我来帮你。"

张铁干在福州仪表厂当采购科长,在福州的采购江湖,算得上"大佬",曹德旺相信他有能力帮自己,高兴地连连道谢。

可张铁干接下来做的事却让他有些不解了——张铁干带着他来到了温泉澡堂,要请他泡澡。一时间,曹德旺是"丈二和尚摸不着头脑",他想:澡堂能解决指标吗?

虽然心中充满疑惑,他还是老老实实地跟着张铁干走。一到澡堂,就接连有好几个人跟张铁干打招呼,张铁干把他们一一介绍给了曹德旺。这时,曹德旺才恍然大悟:原来,这个澡堂是福州采购科长们的聚会场所,交换信息和串换指标都是在澡堂子里面谈成的。

曹德旺一下子就如鱼得水了。从那之后,只要他在福州,就会到澡堂子"报到"。他天天请各工厂的采购科长吃吃喝喝泡泡澡,跟他们混得越来越熟,不但如愿以偿地解决了玻璃指标,就连水泥、钢铁、木材等紧俏物资的指标,他都能轻松拿到。

如果曹德旺是一个贪心的人,当年只靠倒卖指标,就能赚得盆满钵盈。但这样的事,他是不屑于做的。牛根生曾经说过一句话:"财聚人散,财散人聚。"这话是牛根生经历人生跌宕后的一个深刻感悟。曹德旺说不出这样漂亮的话,但不贪财却是他的本性。

而且,他有更大的野心:眼前的利益只是一时的,舍弃这蝇头小利,建立强大的人脉关系,一定会对自己的事业有更大的帮助。

曹德旺的采购关系网,就是这样搭建起来的。因为他关系过硬,甚至有些政府部门缺什么指标,都会找他来解决。

有一次,一位朋友介绍他到福建省化建公司要玻璃指标,谁知道,这家公司的领导说:"我们有很多指标,但都在省外,要不回来。你要是能要回来,这些指标你要多少给你多少。"

曹德旺愣了:这是怎么回事?在那位领导的解释下,他才明白了来龙去脉:原来,为了得到更多的指标,省与省之间需要进行协作交流,所以,全国每个省、市、县都成立了协作办公室。福建森林资源丰富,是林业大省,盛产木材,于是,就用木材和其他省交换其他的物资。

比如江苏和浙江的玻璃指标有富余，福建就用木材指标换玻璃指标。可是一来一去却出了岔子：木材被江苏和浙江运回去了，但玻璃却迟迟发不过来。因为运玻璃还要车皮指标，对方搞不定。没办法，福建省物资厅只好派采购员去江苏、浙江，想把玻璃指标拿回来。但去了好几趟，都快跑断腿了，指标还是拿不回来。

曹德旺知道，这是一个棘手的难题，解决起来可谓难于上青天。不过，他一直信奉一个真理：

"任何事，只要肯动脑筋，没有解决不了的。"[1]

于是，他决定"死马当活马医"，不管怎样，先试试。

后来，曹德旺用自己强大的关系网络，竟然真的解决了这个问题。这个消息一传十，十传百，曹德旺成了这个圈子里的风云人物，甚至连一些政府部门都来找他帮忙，他都帮忙解决了。

当年曹德旺在福州除了搞指标，闲下来的时间就看看书。他的一位朋友是福州水表厂会计科的科长，看到他这么爱读书，就点拨他学点儿会计知识，告诉他早晚能用得上，还把自己案头的一本会计学的书给了曹德旺，让他先从最基础的内容学起。

曹德旺翻开第一页看到一句话："会计工作是厂长的参谋和助手，要做到比有对象，学有榜样，赶有目标，帮有措施……"这段话深深地印刻在他的脑海里。当即他就拜这位科长为师，请他传授自己会计学的知识，这之后的几年里，他系统地学习了会计学的相关知识，具备了看报表即知企业生产经营状况的能力。

回顾起这段经历，曹德旺总觉得有些事是冥冥之中早已注定的，如果不是这位科长指引他学习会计学，后来高山异形玻璃厂要转给他承包的时候，他一定不可能有那么足的底气。

---

[1] 曹德旺.《心若菩提》[M]，北京：人民出版社，2014 年

第三章

勇于开拓:"要有敢于第一个吃螃蟹的精神"

真正的冒险,是像曹德旺这样,发自内心地相信一件事情大概率是对的,并且能给自己带来可观的价值,这时再做好可能失败的准备,然后排除万难地去执行。

风险再大也要承包玻璃厂

万物生长,云雾渐开。自1978年党的十一届三中全会做出实行改革开放的重大决策以来,从机关到乡野,从城市到农村,从工厂到田头……处处都呈现出一片欣欣向荣的景象。中国以坚定不移的信念和决心,在摸索前进中迸发出超乎想象的能量,一路风雨兼程,一路澎湃前行。

然而,此时高山异形玻璃厂的发展情况却并不乐观。从1977年到1982年,高山异形玻璃厂接到了很多订单,但生产的玻璃质量却总是飘忽不定。不仅如此,工厂运营的成本也一直居高不下,导致连年亏损。6年的时间里,高山异型玻璃厂先后换了6个厂长,但谁也没能把它从泥潭中拖出来。高山公社投资的十几万,就这样打了水漂。到1983年初,高山公社的领导们意识到:如果玻璃厂继续亏损下去,结局只有关门倒闭。

这一时期,经济体制改革兴起,无数企业开始实行各种形式的承包经营责任制,很多企业因此重获新生,甚至取得了丰硕的成果。这时,高山公社的领导也开始琢磨:是否可以效仿其他企业,将高山异形玻璃厂承包出去?在物色合适的人选时,他们的脑海中第一时间浮现出的就是曹德旺的名字。

元旦过后的一天中午,高山公社的施副书记找到了曹德旺,提出由他来承包高山异形玻璃厂。曹德旺并不惊讶,以他多年的生意经验,他早就看出了高山异形玻璃厂存在的问题,知道这样经营下去,只有破产这一条路。同时,他也坚信,这是一个能赚钱的企业。因此,他没怎么犹豫,就同意了接手高山异形玻璃厂。

但对于如何承包这个问题,他却有些拿不定主意。他怕自己势单力薄,于是提出与其他人合伙承包,施副书记想都没想就同意了。最终达成的协议是:曹德旺与其他4个人联合承包高山异形玻璃厂,到年底上交6万元利润,剩余的部分,其他4个人各拿10%,曹德旺拿60%。因为长期从事采购工作,曹德旺对于合同的重要性有深刻认识,所以,凡能想到的、该说明的,都写入了合同中,从而避免了后面的纷争。

就这样,曹德旺承包了高山异形玻璃厂。

接手之后,曹德旺就开始了大刀阔斧的改革。

他烧的最重要的"一把火",是打破"大锅饭"的分配方式,对工资结构进行了调整。

承包之前,高山异形玻璃厂采用的一直是固定工资,工人们每个月的月薪为18—22元不等。企业不论经营好坏,盈利还是亏损,工资都照发。工人们无论干多干少,干好干坏,拿到的钱都是一样的。曹德旺认为这样的平均主义,使工人们对企业的生存、企业的利益漠不关心,更使得企业里出现了"上重下轻"的现象:一边是领导压力巨大,为企业的生存发展绞尽脑汁,另一边工人却缺乏工作的积极性,不愿意为企业全心全意做贡献。

因此,他不顾阻力,勇敢打破了这种吃"大锅饭"的分配形式,改成计件工资制,工人们的工资多少按照完成工作的数量与质量来发放,上不封顶。工人由原来固定的8小时白班,变成三班倒,设备24小时不停地运转。之后因为人手不够,又从社会上新招了60多名工人。工资水平也从原来的20元左右提高到了100元左右,在当时,这个工资比县委书记的还高。

工资结构的改革,为高山异形玻璃厂注入了新的活力。工人们赚到钱了，热情空前高涨，工作积极性大幅提高，产品的产量和质量也出现了根本性的飞跃。

承包才 4 个月，高山异形玻璃厂就完成了全年应该上缴的 6 万承包额。这一年，工厂转亏为盈，从亏损 20 多万到盈利 22 万。除了上缴的 6 万，剩下的 16 万，曹德旺和 4 个合伙承包人分了，其中曹德旺分到 6 万多元。

曹德旺就此一炮走红。到年底，他被评为福州市劳动模范，当选为福清县政协常委和福州市工商联副主委。

正所谓"君子怀器于身，伺机而动"，曹德旺适时地抓住了机遇，改变了自己的人生。

改革开放是一盘大棋，不同的人走出了不同的路，有的如马，脚踏八方；有的如炮，隔山打牛；有的如车，纵横捭阖，无论是谁都必须走下去。与无数先行者一样，曹德旺就这样从承包乡镇小厂起步，开始了 40 年的长途跋涉。

2019 年 8 月，在中央电视台的《悦读·家》节目中，曹德旺曾勉励年轻人：

> "年轻人不要整天讲困难，用自己双手创造未来才是真正的财富。"

"用自己的双手创造未来"，这正是他一生践行的信条。

重新定义行业标准

"一流企业卖标准,二流企业卖技术,三流企业卖产品。"在任何一个行业,标准都是一种游戏规则,哪个企业掌握了标准,就如同站在了行业制高点,掌握了市场竞争的主动权。它所代表的不只是市场机会和经济利益,还意味着领先的地位和对行业内其他企业的巨大渗透力。

而这一点,早在1983年,曹德旺就已经敏锐地认识到了。

自从高山异形玻璃厂的产量有了大幅上升后,销量就成了制约其发展的瓶颈。如何提高销量,成了曹德旺需要解决的首要问题。

这时,厂里的销售员们共同反馈的一个问题,引起了他的关注——厂里按照水表玻璃图纸生产出来的产品,送到不同的水表厂,却得到了不同的反馈。有的工厂认可,有的工厂却认为不合格。明明是同样的产品,为什么有的工厂认可,有的不认可?曹德旺开始认真琢磨起这个问题。

曹德旺是做销售出身的,深谙一点:如果市场拓展不利,要么是产品出现了问题,要么就是产品以外的某些因素出现了问题。要想真正解决问题,必须找到问题的根源,才能对症下药。

为了追根溯源,曹德旺召集技术部门、生产部门和销售部门的员工们一起开会,将一机部[1]对水表玻璃的要求和建材部对玻璃的要求进行一一比对。最终,他们发现,是部与部之间制定的标准不同造成了市场的混乱。

20世纪80年代初期,玻璃是由建材部主管的,建材部制定的标准是同一片玻璃厚度公差的允许值是±0.2毫米,而一机部仪表局对水表玻璃设计的公差允许值却是±0.02毫米。同样的产品,两个公差的允许值竟然足足相差了10倍!用游标卡尺来测的话,玻璃肯定是不一样的,所以建材部允许有±0.2毫米的公差,±0.2毫米公差是很大的,6毫米的浮法玻璃国家标准为6mm(±0.2),一片玻璃5.8毫米到6.2毫米就算是合格的,可是如果用这个标准生产出来的产品,到了一机部就不合格了,它要求的公差是±0.02毫米(即一片玻璃5.98毫米到6.02毫米才算合格)!但玻璃不是木头,是不可能像刨木花一样推平的。图纸设计时是一个标准,使用时采用的又是一个标准。这让生产企业实在是左右为难。

对于一机部制定的水表玻璃标准,曹德旺深感不合理:家家户户都会安装水表玻璃,水电工将它安装到水表上之后,它就静静地躺在那儿,让水缓缓地流过。除了每月抄水表的时候会打开盖子,透过玻璃看一看里面各表针的刻度,记下当月的消费,其他的时候,没有人会想起它,用户也不可能会把水表玻璃从水表上取下来。因此,水表玻璃的误差有必要精细到±0.02毫米吗?真的有必要按照这样的精度标准去生产吗?

曹德旺终于找到了问题的症结——就是这一不合理的标准要求,引发了市场的乱象。一个行业只有在统一的标准约束下,才能健康地发展,现在各行其道、鱼龙混杂,当然会造成市场混乱。

---

[1]一机部,是"中华人民共和国第一机械工业部"的简称,在当时主管机械工业。

对行业的强烈责任心，驱使曹德旺做出了一个令人惊讶的举动：他决定北上找一机部反映这个问题，要求他们修改水表玻璃的标准。

拿着图纸，坐上火车，曹德旺一路风尘仆仆地来到北京。不过，到了一机部仪表局后，接待他的工作人员却告诉他，这个问题，要找上海的热工仪表研究所讨论。于是，曹德旺又马不停蹄地乘火车从北京去了上海。

一到上海，曹德旺就直奔自己的目的地——上海热工仪表研究所。接待室的工作人员听他简单说明了来意后，二话没说就带着他来到了所长办公室。见到所长后，曹德旺自报家门，然后开门见山地提出了修正水表玻璃标准的要求。

所长一听，惊讶极了："什么问题？"

曹德旺认真地说："在我们的生产和销售过程中，我们发现贵所设计的图纸，标准存在一些问题。具体地说，根据设计，水表压力要承受15公斤，是为了安全考虑，是需要的；表面清晰便于读表也是需要的。问题在于，第一，厚薄公差要求达到±0.02毫米，和建材部对于浮法玻璃厚薄公差±0.2毫米的要求，相差了整整10倍。实际使用中其实根本没有这个必要——玻璃的厚薄公差即使是建材部的±0.2毫米，也不会影响使用者看水表的刻度，也不会有人在买水表时将盖拆下来看玻璃的磨边是否符合标准。因此，我希望，你们能根据实际情况修改一下你们的设计图。"

曹德旺如同竹筒倒豆子一样，一口气把自己的想法全都说了出来。

所长非常耐心地听他说完，诚恳地表示曹德旺反映的问题是有道理的，但也表示，修改水表玻璃标准有困难，不过，他同时邀请曹德旺参加不久之后在浙江宁波召开的行业会议，希望曹德旺到会上发言，由大家共同讨论如何解决这个问题。

第二个月，曹德旺果然接到了上海热工仪表研究所的通知，他如约到宁波参加了会议，并在会上畅谈了自己的观点。与会的专家学者们纷纷点头，对他的建议表示认同。在这个会议上，所长给了高山异形玻璃厂一把"尚方宝剑":"以后,谁使用高山异型玻璃厂生产的玻璃就不要打开盖子抽检了。厚薄的公差与建材部一致,按 ±0.2 毫米。"

从那时开始,一机部关于水表玻璃的标准虽然没有修改,但市场上再也没有人因为这个而对高山异形玻璃厂的产品进行指摘。

高山异形玻璃厂的发展因此进入了快车道。1983 年,全国水表总产量为 220 万只,仅高山异形玻璃厂就生产了 200 万只,占中国总量的 90%。

曹德旺在接受采访时曾经说:

> "我认为,把'仁、义、礼、智、勇'这 5 件事做透,就会成为企业家。这套'成功 5 字真经',是我根据儒家的'仁、义、礼、智、信'所做的变通。'仁'是仁慈善良,是健康包容的心态,是以人为本;'义',是道义责任,是敢于承受、勇于担当的胸襟气度;'礼',是礼仪,是做人的分寸和对人对事应有的尊重;'智',是智慧、眼界,和看事情要有穿透力和前瞻性;'勇',是敢于挑战未来,挑战自身极限的勇气。"[1]

而在他的身上,既有对整个玻璃行业的厚重责任感,又有窥见未来发展的前瞻性眼光,更有敢于去质疑国家机关制定的标准、敢于挑战权威的勇气与魄力。

---

[1]《曹德旺:信仰最重要》,崔焕平、马金胜,《北大商业评论》,2009 年第 7 期

走出一条合资新路

1984年春节过后,高山镇政府的何镇长与林书记找到曹德旺,希望他继续承包高山异形玻璃厂。

但曹德旺却犹豫了。他心中的顾虑有三:

一是原来与他一起承包玻璃厂的几个人,在去年年底拿到丰厚的分红之后,决定见好就收,不再继续参与此事了。

二是经过多年的生产制造,玻璃厂的设备已经老化,需要更多的维修费用和维修时间,这对承包效益造成了极大的影响。

三是通过1983年一年的承包,曹德旺发现,承包制并不是彻底解决企业危机的方法,它只治标,不治本,容易使承包者进行掠夺式经营,追求短期效益以及利益的最大化,无视企业的存活及持续发展。

因此,曹德旺认为,这不是自己一直以来追求的长期的、稳定的、可持续的事业,"所以我决定不浪费自己的青春"。

高山镇的领导们万万没想到,就在玻璃厂发展得如火如荼时,曹德旺竟然打了退堂鼓。他们马上表示:如果曹德旺可以想出一个办法来解决这些问题,镇政府一定全力配合。

其实,当时的曹德旺也仿佛身处迷雾之中,但他隐约觉得,"应该要建立一个长效的机制"。

曹德旺的话,高山镇领导听进了心里。几天之后,林书记把曹德旺叫到了镇政府,一见面,就开诚布公地说:"老曹,改成合资怎么样?"

曹德旺听了，先是眼前一亮，紧接着，脸上的神色又黯淡了下来：他去年的分红，已经全部用来盖房子了，没钱与玻璃厂合资了。

林书记笑了笑，提出了一个解决方案：由镇政府出面协调银行给曹德旺贷款，只要曹德旺把房子抵押给银行就行。

最终，曹德旺与镇政府达成了合资方案：镇政府以账面资产17.5万元入股，曹德旺则出资17.5万元，双方各持股50%。

曹德旺的17.5万元，是东拼西凑来的，可谓来之不易。

高山镇领导按照之前的约定，协调银行给曹德旺贷款，但当时银行还没有以自住房屋为抵押物贷款的先例，因此，镇上的银行说什么也不愿意破例给曹德旺放贷。高山镇领导就一遍又一遍地去找银行营业所所长磨，后来所长被磨得实在没有办法了，终于松了口，要求镇政府做这笔贷款的担保人。高山镇领导一听，高兴极了，马上同意了。于是，曹德旺把自家新盖的房子和父亲家的房子全都抵押给银行，贷了8万元。

这时，他当采购员时曾经帮过大忙的某政府单位得知他投资缺钱时，向他伸出了援手，借给他3万元。他的3个朋友也先后表示愿意入股，总共投资了6.5万元。就这样，这50%的投资才终于有了着落。

回顾这段经历，曹德旺感慨万分："那时，其他几个承包者骂我是傻子，如果承包政策变了，我们就会变成投机倒把分子被抓。但我坚信政策只会变得越来越好，改革开放一定会取得成功。改革总得有人先行一步，我愿意做一个探路者。"

曹德旺从这件事中悟到了儒家"仁义礼智信"的真谛。用他的话说：

"信是一种信念，也是一种信任，不仅对自己要有自信，对他人也要有信任，这叫互信。如果一个人什么都不信，那肯定一事无成。正因为有对政府政策的坚定不移的信心，正因为对自己的能力有自信，和相互之间的信任，才有了今天的福耀。"[1]

在20世纪80年代，合资还是一个新鲜事物，曹德旺敢把房子抵押了去搞合资，在很多人看来他就像是一个"疯子"。其实成功的企业家大多是"疯子"，是冒险家，只有非常之人，才能行非常之事，建非常之功。

人的一生中一定要冒几次险，这是很多成功企业家从自己的人生经历中总结出来的经验。这背后的逻辑其实在于：不管处于哪一个时代，人与人的背景和资源都会存在巨大的区别。而那些处于弱势又想要生活得更好的人，如果不去冒几次险，想要实现人生的逆转是完全不可能的。如果不去冒险，他们或许依旧活得不错，但也面临着一个问题，他们的人生可能就这样了，很难再有翻天覆地的变化了。

当然，冒险一定是有风险的，不然就不能称为"冒险"。但冒险与冒进是有区别的，一些人将冒险等同于不计后果，盲目地去做一件事。这不叫冒险，这是冒进。一个人如果连自己想要什么都不知道，也不确信做某件事是否值得，就莽撞地去行动，有什么理由不失败呢？

真正的冒险，是像曹德旺这样，发自内心地相信一件事情大概率是对的，并且能给自己带来可观的价值，这时再做好可能失败的准备，然后排除万难地去执行。

人这一生，一定要多冒几次险。

因为人生最大的风险，就是不敢冒险。

---

[1]《曹德旺：临渊履薄，心若菩提》，全球化智库，2017.2

立志"做属于中国人的汽车玻璃"

与汽车玻璃结缘,对于曹德旺来说,完全是一个偶然。

1984年6月,曹德旺到南平出差,出差之余,南平市协作办派了一辆汽车,送他到武夷山游玩。武夷山的秀美风光令曹德旺流连忘返,不过,此时的他并没有意识到,这次旅行,竟然会给他带来一个巨大的商机。

游玩时,曹德旺在景区的旅游纪念品市场给母亲买了一根竹棍做的拐杖——他是一个大孝子,时时刻刻都惦记着母亲。拿着拐棍上车的时候,司机突然说话了:"老曹,上车时小心一点儿,车玻璃不要给我碰了。万一破了,你可赔不起。"

这番话让曹德旺惊诧不已:不就是一块玻璃吗?他就是做玻璃的,什么样的玻璃他赔不起?

曹德旺以为司机在跟自己开玩笑,于是笑了笑,没当回事。看他一脸不信的样子,司机又认真地说:"是真的,这一片汽车玻璃就要几千块钱!"

曹德旺还是半信半疑。回来之后,他特意到汽车修理店打听了一下,这一打听,还真让他大跌眼镜:马自达汽车换一块前挡玻璃,需要花费6000元,如果着急的话,就要花8000元。

"太离谱了!"曹德旺在心中默默地想。

其实,在1984年,换汽车玻璃确实是一件难事。当时,汽车玻璃没有国产的，只有进口的，价格十分昂贵。于是，公路上跑的大大小小的车，车窗玻璃破了往往就用胶纸贴着，前挡也好，后挡也好，边窗也好，应付着用。不仅不好看，还存在安全隐患。

为什么从日本进口的一片汽车玻璃，成本价才200元，到中国居然卖到8000多元？曹德旺陷入了深深的思考。在对市场进行调研之后，他才了解到，汽车玻璃之所以价格这么高，是因为全被国外的厂商垄断了。这些外资企业吃定了中国市场：中国没有人能做出这样一片玻璃。

这深深地刺痛了曹德旺的民族自尊心，也让他看到了汽车玻璃的市场空白。

"为什么没有人做汽车玻璃？没有人做，我来做。我要为中国做一片自己的汽车玻璃，让所有的中国人都能用得上，用得开心，用得安心。"

这是曹德旺当时立下的誓言。

同时，他十分笃定：如果他来做，不会让汽车玻璃的成本超过200元！

几天后，曹德旺到上海出差，特意找到自己的老朋友——上海耀华玻璃厂的副厂长石宏藏，问他："为什么你们不做进口汽车玻璃？"

石宏藏一一给他分析：市场上的车型太多、太杂，维修市场上单一品种的量太小，无法做，做了也很难卖出去。这时，他看着曹德旺，突然大叫一声："你可以做！"

石宏藏继续分析道："你可以一个品种一个品种地做，每个品种做几百片，再集中起来在中国各地的维修市场上卖，这样你不就赚了吗？"

这恰好与曹德旺的想法不谋而合。

这次上海之行，曹德旺满载而归——他花了两万元，从上海耀华玻璃厂买到了生产汽车玻璃的设备和图纸。同时,石宏藏还承诺上海耀华玻璃厂会派一批技术人员去给高山异形玻璃厂提供技术支持,并且同意曹德旺把工人送到耀华来进行培训。

回到高山镇之后,曹德旺就开始紧锣密鼓地筹划汽车玻璃的生产了。

1985年元旦,曹德旺把第一批工人送到上海培训,然后,就是要按照图纸,把需要的材料如数采购齐全。曹德旺干采购多年积攒下的人脉再次发挥了巨大作用,他把自己认识的所有采购界的朋友都请来,让他们给自己出主意,看看怎么才能在最短的时间里采购及加工完成所有的零部件。不过,这些人虽然在采购领域都算是"老江湖"了,却还是看不懂那些高深的图纸。

于是,曹德旺又从福州客车厂请来总工程师。正所谓"内行看门道",那位总工程师拿过图纸一看,马上给了曹德旺一个切实可行的建议:把图纸按类别分好,比如,压机总成、钢化总成、驱动总成、炉体……分好后,按照分类同时发包给不同的人加工,这样最快两个月就能完成任务。

按照总工程师给的建议,事情果然简单多了。朋友们能帮忙采购的,都领走了任务。

到了1985年4月,设备所需的所有材料都已经备好。曹德旺兴冲冲地赶到邮局,给上海耀华玻璃厂打电报通知这个好消息。

石宏藏收到电报后,连连说道:"疯了,疯了,曹德旺疯了!"他怎么也不敢相信,曹德旺竟然能在这么短的时间里把所有设备材料准备齐全。

不过,石宏藏还是派了一位专家到高山异形玻璃厂,让他去"看看曹德旺到底疯成什么样了"。

那位专家到了高山异形玻璃厂一看,彻底震惊了:工厂的地上,摆着的,不是一个一个的零散件,而是一个一个的总成。

回过神来以后,他马上跑到邮局,给石宏藏打电话:"石厂长,快派人来吧。曹德旺没疯，不，确实疯了——不知道他怎么搞的，居然是一个一个的总成摆放在车间里，加工的精密度超乎我们的想象，就等我们的技术人员来组装了。"

这下轮到石宏藏震惊了。第二天，他就从上海派了十几个技术人员到高山异形玻璃厂，其中也包括李维维。

1985 年 5 月，经过数次实验后，曹德旺口中"成本不到 200 元，售价 2000 元"的汽车玻璃，终于出炉了。"这对我来说已经是不可思议的暴利了，但还是比外国货便宜了很多。"

6 月，曹德旺又委托县乡镇企业局组织了一个产品鉴定会。毕竟，汽车玻璃可不同于普通的玻璃，是跑在路上的房子。人在里面，安全是最重要的。因此，高山产的汽车玻璃，必须通过安全性能检测。这场产品鉴定会开了 5 天，花了 1 万多元。检测结果证明，高山异形玻璃厂生产的汽车玻璃，无论是质量还是安全性，都不比国外的产品逊色。

高山生产出汽车玻璃的消息，很快就传开了。

高山异形玻璃厂的玻璃价格只有进口的三分之一，闻讯赶来的人络绎不绝。他们中很多人都是做进口车配件生意的，也有开着车直接到厂里来希望能帮忙换玻璃的。仅 1985 年一年，曹德旺就靠汽车玻璃赚了 70 万元。有人评价他不是在做玻璃，而是在"印钞票"！

就这样，曹德旺迈进了汽车玻璃的广阔市场。多年后，他回忆说，这是自己一生做得最正确的一件事：

"现在想想，做企业，目标很重要，只要方向正确了，企业才能走得远。"

曹德旺说："你做的一定要瞄准市场需求，如果你投资的产品是社会急需的，能够帮助老百姓提高生活质量，帮助企业提高生产效率，这个产品想不发财都不行。"[1]

"做一片中国人自己的汽车玻璃"——这是曹德旺最初的信念，正是因为这个信念，他才开始了前进的步伐，后来，他真的做到了！

在曹德旺的心中，有一种浓浓的爱国情结，他一直认为：

"中国是中国人的中国，建设中国、发展中国、保卫中国，是中国国土上每一位精英的责任。这些精英应该站出来说，我们要解决这个问题，有困难我们必须正面对待。"

如果每个行业都有人像曹德旺这样，执着地将个人事业与国家发展联系起来，并为此不断奋斗，我们的祖国一定会更加强大。而执着于这项事业、用心在行业中深耕的人，不但能够成为行业领袖，实现自我价值、为社会创造财富，还有机会跻身于世界舞台，传承中国的商业文明，为世界创造价值和财富。

---

[1]《玻璃大王曹德旺》，茉莉，华商韬略，2018.8.10

第四章

一身傲骨："要有所为，有所不为"

反正我只做汽车玻璃，凭智慧赚钱。如果我要做房地产业，可能会比很多企业都做得成功。但是我就像一个渔夫，一网鱼中，我只要带鱼，其他的让别人去得吧。

差点儿成了"贪污犯"

在一次采访中,曹德旺曾经打了一个朴素的比方:

> "金钱就像大海里的鱼群,就算你是一个好渔夫,打的鱼多到吃不完,都贮存了起来,也会遇上天灾人祸。"[1]

既然如此,怎样才能守业?曹德旺既没有政治资本,也不谙世故。对于这个问题,他给出的答案是:清白才能捍卫住产业。

1986年,曹德旺的事业发展得如火如荼,但就在他志得意满之时,却出现了一个小插曲。

那一年,"农村整党整风"运动烧到了他的家乡福清县高山镇。曹德旺怎么也没想到,这件事会和自己扯上关系。

然而,风高路斜,江湖险恶。作为镇上唯一一家民营企业的大股东、罕见的有钱人,曹德旺竟然成了"整风"的对象。负责这一"运动"的高主任来到高山异形玻璃厂,要求曹德旺提供玻璃厂3年的账目。

曹德旺行得正、坐得端,没把这当成一回事,满不在乎地说:"你们尽管查。"

曹德旺被调查这件事很快就传遍了整个高山镇,人们议论纷纷:

---

[1]《曹德旺:国王的领地》,李冬梅,《人物》,2015.03

曹德旺"有严重的经济问题","账册凭证都被查封了",很快就要"被抓起来了"。

曹德旺听了,只是淡然一笑。

直到一位银行的朋友跑来告诉他"现在不需要有问题才抓人",他才明白事情的严重性:如果这一关过不去,自己很可能会失去所有财产,甚至难逃牢狱之灾。

曹德旺茫然了:"我又没做什么坏事,人家为什么抓我?我怕什么?"

那位朋友给他支了一招:"你最好亲自到县里去,向县委书记汇报一下,否则就来不及了。"

事到如今,曹德旺再也不敢掉以轻心。第二天一大早,他就来到了福清县县委大院,在门口等着当时的县委书记陈元春。

等了好久,陈书记终于来了,他赶紧走上前去,自报家门。陈书记听说他是高山异形玻璃厂的厂长曹德旺,马上警觉了起来,不知道他到底想做什么。

曹德旺马上说明了来意:希望书记给他一点儿时间,让他汇报一下高山异形玻璃厂的具体情况。

陈书记看了看表,答应了他的请求。于是,曹德旺用了不到半个小时的时间,把高山异形玻璃厂如何组建、如何承包、如何合资的过程以及工厂现在的发展状况向陈书记进行了汇报。最后,他恳切地说:"陈书记,这个厂50%是我的,财会系统干部是镇上派来的,我以自己的人格担保,我是清白的!如果我做错了什么,您可以拿法律来处理我,我毫无怨言。但是,你不能给我制造冤假错案。"

陈书记听完,面色变得异常凝重:"如果你能为你今天说的话负责,我一定给你一个解释对质的机会。你先回去,把生产管好。"

曹德旺连连向陈书记道谢,当场立下军令状:如果他以不合法的手段捞取一分钱,就"一分钱一年徒刑"。

后来,县里专门开会讨论了曹德旺的事情,镇里有领导告诉他,被追究的"罪名"有4条：一是国家规定个人不能向银行贷款投资，曹德旺却拿银行贷款去投资；二是曹德旺把仪表厂拆掉建玻璃厂，属于"破坏生产"；三是曹德旺花了几万元送礼；四是向某政府单位借了3万元。

1986年7月20日下午，县里通知曹德旺，3天后到县委开会，对他的事情进行处理。

放下电话，曹德旺马上着手整理可能用到的所有材料，包括所有往来的合同文件和全部单据。他把这些材料一一分类，整理清楚，装进手提包，坐上汽车赶往福州。当时，高山镇没有复印机，福清县也没有复印机，要复印材料，只能大老远跑到福州。在福州，曹德旺花了很长时间复印材料，然而再分类、装订。

7月23日一大早，曹德旺就带着复印好的材料，坐最早的班车，赶回福清县开会。一走进会议室，曹德旺就发现这次开会的阵仗不小，除了县、镇两级整党办的主任，县上四套班子的领导、检察院检察长、法院院长，还有高山镇的所有领导都来了，个个正襟危坐，表情严肃。

会议一开始，曹德旺不等别人说话，就拿出自己复印的所有资料，分发给政府官员。针对4项"指控"，他进行了详细的解释，有理有据，令人信服。曹德旺一口气从7点说到了10点，越说越生气，说到激动处，他忍不住站起来重重地拍了一下桌子，还竖起中指。

想说的话全都说完后，曹德旺一甩手，扬长而去，会议室里的人全都面面相觑。

"我工作20多年，见过无数干部，还没遇到有曹德旺这个水平的，一个人坐在那里讲两三个小时竟然不用打稿，而且没办法辩驳，每一条都无懈可击。"陈元春对着一群干部总结说，"当然啦，也有缺点，怎么能把中指伸出来呢？他是个农民，我们要包容他。"

"真是一个稀有人才啊！"陈元春如是评价曹德旺。

那次会议最后形成了"723会议纪要"，纪要的主要内容，就是肯定曹德旺的工作，并要求高山镇把曹德旺的账册全部还给他。

后来，曹德旺说，这些经历一方面教会了他怎么做人，另一方面也坚定了他投资的决心，"这里是个讲道理的地方。"

那一年，中国的乡镇企业被斗倒了一大半，但曹德旺却毫发无损。他知道，这一次之所以能过关，正是因为他把账记得非常清楚，那些资料合同和全部单据虽然不会说话，却能证明他的清白。

从那之后，曹德旺开始更加用心学习会计学，他相信自己找到了保护财产、管理企业、把控全局的法门。在别人眼里，他是锱铢必较的"铁算盘"。而在他看来，这算盘不但可以用来计算财富，在关键的时候更能用来保命。也正是因为精通会计学，这位草根商人在40年瞬息万变的政策之中多次接受体制的审查，每次都能全身而退。

多年之后，在接受《人物》杂志采访时，他非常坦然地说：

"我经得起任何人对我的任何调查和推敲。我没有任何把柄抓在任何人手上。"

事实的确如此，在这之后的几十年里，有人向市里举报过他贪污，有人向省里举报过他贪污，有人向中央举报过他贪污，但市里、省里、中央都派人来调查了，都没有查到曹德旺贪污一分钱的证据。

曹德旺有一句名言："我没有收过一盒月饼，也没有送过一盒月饼。"这句话他不只是嘴上说说，而是用一生在践行。他的福耀集团从来不给官员送礼，他说："我与官员保持着适度的距离，有时也会在一起吃饭喝酒，但我不会开口去求他们。多年前，中国政府允许中国企业买进口汽车，而要买进口汽车需要海关审批。那时我几乎每周都会和海关关长吃几次饭。而我的汽车牌照一直是绿牌照，没有黑色的。人情在，但我不欠这个人情。"

这样的做事风格，当然会让曹德旺在生意上有不小的损失，但他认为：

"反正我只做汽车玻璃，凭智慧赚钱。如果我要做房地产业，可能会比很多企业都做得成功。但是我就像一个渔夫，一网鱼中，我只要带鱼，其他的让别人去得吧。如果心里能有这样有舍有得的心态，赚钱后也安心。而官员也同样，你不屈尊于他们，他们在心里会更尊重你。"[1]

曹德旺生产的是玻璃，他希望自己的人生也像玻璃一样透明。福耀集团有首企业歌曲，叫《透明的世界》，由曹德旺亲自作词，简单的几句歌词中，"透明"这个词出现了多达19次。"纯洁的心灵，一片透明，伟大的事业，一片透明……为了一片透明，我们历尽艰辛。"

正因为这份"透明"，因为心有正气，永远走正道，曹德旺才有底气说："我的企业是干净的，我挣的钱也是清白的。"

---

[1]《曹德旺的贫与富》，厉林，《中国经营报》，2011.11.9

转战宏路

曹德旺与他同时代的企业家一样,都是在浩大的时代里跌宕起伏,最终成就了自己的辉煌人生。他清晰地记得自己人生的每一个转折点,而转战宏路,就是其中至关重要的一个转折点。

虽然"贪污风波"给曹德旺带来了极大的痛苦,但他仍目视远方。他的心中有大格局,装的是高山异形玻璃厂的未来。

到 1986 年年底,高山异形玻璃厂的产值已经达到了 596 万元。同时,它的汽车钢化玻璃系列产品的生产规模也得到了扩大,主打产品的生产工艺在国内属于领先水平,还被中汽公司指定为全国进口汽车修配定点供应单位。对于一家乡镇企业来说,这样的发展速度已经足以令人自豪了。但曹德旺并没有止步于此,他的目标是带领高山异形玻璃厂走向更广阔的市场。

之前,参与合资的几个合伙人先后提出退股,曹德旺无奈之下,只好举债收购了他们的股份,正所谓"祸兮福之所倚",曹德旺也因此拥有了高山异形玻璃厂 100% 的股权。因此,在经营玻璃厂时,他的干劲就更足了,"野心"也更加勃发了。

此时,还有一个人,与他怀着同样的雄心壮志,那就是福清县县委书记陈元春。

通过那场闹剧式的"贪污风波",陈元春对曹德旺有了更深入的了解,认为他是一个不可多得的人才,对高山异形玻璃厂的发展也更加关注了。

1987年春节，县委通知曹德旺，陈元春书记将在大年初一到高山异形玻璃厂进行慰问。曹德旺很高兴，后来他说，"升斗小民，能得到书记的慰问，也算是那场风波给我带来的成果了"。

正月初一，陈元春一行如期出现在了高山异形玻璃厂，曹德旺陪同他们参观了整个工厂，并向他认真地汇报了玻璃厂的发展情况，陈元春听了连连点头，然后问道："你做得很好，有没有考虑把它做得更大？"

陈元春的话让曹德旺眼前一亮，他诚恳地说："这个产业现在还没有发展起来，如果县里能支持我们，让我们把工厂搬到宏路去，这个工厂就能得到更大的发展空间，一定能做得更大。"

曹德旺之所以有这样的自信，原因有三。

其一，在20世纪80年代末期，玻璃产业在中国还处于起步阶段，市场上还有很大的潜能等待挖掘。比如，在当时的农村，很多房子的窗户用的不是玻璃，而是塑料薄膜，这意味着玻璃在中国有着广阔的市场。

其二，玻璃厂现在所在的高山镇，地处龙高半岛南端，坐落在万底山上，地理条件并不优越，而且还缺水缺电。从福清县送来的电到高山镇，需要经过许多乡镇，遇上旱季限电季节，高山异形玻璃厂一周只能开工3天，这给工厂的生产带来了极大的限制。

其三，高山镇位于偏僻闭塞的山区，发展极为落后，人的观念也十分落后。高山异形玻璃厂的发展因此屡屡受到掣肘。

曹德旺相信，如果玻璃厂能搬到自然条件更优越、人文环境也更好的宏路镇，一定会如虎添翼，得到更迅猛的发展。

陈元春相信曹德旺的判断。从高山异形玻璃厂回去之后，他专门组织了一次座谈会，讨论高山异形玻璃厂的搬迁事宜。

在会上，曹德旺向福清县的书记、县长、副县长等各路领导介绍了高山异形玻璃厂汽车玻璃生产线的发展情况和它给工厂带来的惊人利润，同时告诉他们，现在高山厂只能做钢化玻璃，如果要做更高级的夹层玻璃，还需要引进更先进的设备。除此之外，他还对高山的投资局限进行了重点说明。

最后,曹德旺慷慨激昂地说:"在未来,汽车玻璃行业一定能发展成为一个很大的产业,我们中国大地上有那么多汽车,可是却只有我们高山在生产汽车玻璃,提供给市场。这个市场有多大?把高山异形玻璃厂迁到宏路,改成县里的合资企业,上夹层玻璃生产线,专业做汽车玻璃,我相信,有县里的支持,我会做出县里的一个重大产业来。"

曹德旺的介绍引起了大家浓厚的兴趣,各种各样的问题扑面而来:"建这样一个厂,需要多少资金?""投资和技术有没有问题?"……面对这些问题,曹德旺从容解答,打消了各位领导心中的疑惑。

经过这次会议,县里最终决定针对高山异形玻璃厂的搬迁成立一个筹建办,由分管工业的副县长翁国梁担任总指挥,福清县经委、县侨乡建设投资有限公司等单位参加筹建工作。

陈元春书记特意关照曹德旺:"以后,有关汽车玻璃厂项目的事,你就找翁县长,他代表县政府。"

1987年2月6日,曹德旺和福清县副县长翁国梁、县侨乡建设投资公司总经理林厚潭以及县经委干部一起到上海耀华玻璃厂,商谈合资办厂的事。经过3天的交流,上海耀华玻璃厂同意成为新公司的股东,以技术服务入股,帮助引进国外设备、提供技术服务,合作生产汽车挡风玻璃。

1987年5月29日,中外合资的福建耀华玻璃工业有限公司正式注册成立。

曹德旺曾说:"没有野心的人肯定不会进步。"

野心是什么?野心就是目标,就是理想,就是动力。成大事者,必须有野心。一个人的野心有多大,未来就有多宽广。

曹德旺之所以能在创业的道路上越走越远,也是因为他有一颗澎湃的野心。他的野心,充满了拼死挑战、不拘一格的精神,是一种真正的商业精神,正是在这种野心的驱动之下,他才将自己的力量发挥到极致,穷尽一切方法排除万难,带着玻璃厂全速前进。

福地石竹山

转战宏路，对曹德旺来说，是一件至关重要的事。对于这个决定，他也曾有过犹豫与怀疑，在举棋不定时，他去了一趟石竹山。

石竹山位于福清市西郊10公里处，石奇竹秀，因"石能留影常来鹤，竹欲摩空尽作龙"而得名，素有"雅胜鼓山"之誉。石竹山上的庙观供奉着灵验的九仙公，因此香火旺盛。到这里祈福是福清人的风俗，曹德旺从小耳濡目染，也常到石竹山求签问佛。

曹德旺第一次上石竹山，是在高山异形玻璃厂做采购员时。那一次，他陪一个姓潘的朋友到山上祈梦。朋友说这里非常灵验，让他也拜一拜。曹德旺想起了自己的烦心事，便求了一签。

当时，曹德旺任职的高山异形玻璃厂正在建设中，还没有投产，是否能够盈利还是一个未知数。他怕继续在这里干下去会竹篮打水一场空，于是就萌生了退意，想去香港投奔亲戚，换个地方重新开始。但他的妻子得知此事后，死活不同意，甚至以死相逼。曹德旺就想问一问佛，让命运帮自己做选择。

他拿着签条去找庙里的老和尚解签，老和尚看了一眼签条，说道："依签所言，你若去香港将会家破人亡。"

老和尚的话正好戳中了曹德旺心中的痛处，他开始相信——石竹山解签真的很灵。于是，他又抽了一签，问："我继续留在高山异形玻璃厂好不好呢？"

"不要离开，留在这里最好。"老和尚将签条递上来，"施主请看，这签中的一句：虎啸凤鸣不觉奇。好到虎啸凤鸣不觉得奇怪，是一种什么样的好？"

此时，曹德旺心里也不清楚，他反问一句："什么样的好呢？"

"人很难追求到的，你都可以得到。"老和尚明确地说。

既然老和尚都已经给了这样的明示，曹德旺便继续留在高山异形玻璃厂了。

第二次上石竹山，是1984年。

当时，他承包高山异形玻璃厂大获成功，不但改变了玻璃厂的亏损局面，还赚了不少利润。市、县两级政府纷纷对他进行表彰，一时风光无限。但接下来，他却遇到了一个难题：镇政府希望他继续承包玻璃厂，但合伙承包人却吵吵嚷嚷着要分钱走人。合伙人不想干了，他自己一个人又拿不出这么多钱来承包玻璃厂，怎么办呢？

心烦意乱时，他又跑到石竹山求签。

这一次，他抽到了一个签："中原逐鹿可追寻，不问东方问何方；回道过来日又午，寒蝉唧唧笑空归。"

一开始，帮他解签的是一个中年道士，他得知曹德旺求的是事业，便说："这签不好。'寒蝉唧唧笑空归'怎么会好呢？"

曹德旺失望极了，收起签条便往山下走。走到观门前，正好遇到上一次帮他解签的老和尚，俩人寒暄一阵后，老和尚再一次帮他解签。

老和尚看了一下，说道："这是好签呀。"

见曹德旺一脸不解，老和尚又耐心地给他解释："您看，第一句'中原逐鹿可追寻'，逐鹿中原是皇帝的事业，说明你做的是一个大事业，您应该去追寻；第二句'不问东方问何方'，就是讲您不在现在的地方做，还要去哪里？"

说到这里，老和尚抬头又问："您今年多大了？"

"38。"

老和尚继续说："这后面的两句'回道过来日又午，寒蝉唧唧笑空归'，说的就是您现在已经是中年，就像一天是近正午之人了。您再有本事如果像蝉一样到处鸣叫，到了冬天也依然是空壳一个。所以您不能离开工厂,逐鹿中原啊,您的将来会非常好。"

说完,老和尚怕曹德旺不当真,还特意交代:"您一定要留在工厂里,切记,切记!"

同一个签,不同的人解,却是截然不同的说法。与其说石竹山灵验,不如说石竹山的解签人有修行。无论如何,曹德旺最终还是选择了继续留下,和当地政府探索了个人与政府合资办企业的方法,开了福建省先例,为当地的很多企业起了典范作用。

有了前两次求签灵验的经历,这一次,曹德旺遇到了难题,还是选择了问道石竹山。

上山后,他求到一签:"一生勤奋好学,练就十八般武艺,今日潮来忙解缆,东西南北任君行。"

曹德旺琢磨来琢磨去,都想不出这是什么意思,于是他又找到了那位老和尚,请他给自己解签。

老和尚说:"这个签没有直接告诉您好还是不好,但非常明确地告诉您时运到了。今天签的意思在这里:"您从小苦练到现在,已经拥有十八般的武艺,现在,您大展身手的时候终于到了。从现在起,不论您到哪儿做什么,您都能去,都能做。"

同时,老和尚又说:"您的运气到了,今天从我这里出去后,您再也不需要到这里来求问想做什么事了。"

听了老和尚的话,曹德旺从那以后再也没有上山去问投资办厂的事。但遇上朋友有不解的事儿,他还是会带朋友上山,同时也奉上一炷香,以表敬意。

不过,后来因为人生中遇到的一些困惑,他又打破了这个规矩,第4次到石竹山问道,但这是后话了。

石竹山是曹德旺的福地,在他发迹阶段的很多关键时刻,他都会去求签。他前半生的际遇起伏,也大多与石竹山有关。人生在世,遇到迷茫之事时,如果能够有人指点一二,真是莫大的幸运。而曹德旺就是这么幸运的人,每到关键时刻,都会有人为他指点迷津。这大概也是曹德旺如此信佛的原因吧。

和福耀做生意总能赚

决定移师宏路后,新工厂就开始大张旗鼓地兴建起来。

动工之后,第一个工程是退土方。这时,翁县长找到曹德旺,给他推荐了自己的外甥:"我外甥一直做土建,退土方的活儿,他也能干。"曹德旺委婉地拒绝了他:"退土方没什么利润,您外甥还是等基建时再参与吧。"

紧接着,宏路镇的詹镇长又给他推荐了闽侯县的一个包工头,来承包这个工程。曹德旺把那个包工头叫来商谈,翁县长也在场。

曹德旺问他:"你们退土方多少钱一立方?"

那个包工头想也没想就回答:"1块钱一立方。"

他的话让曹德旺大吃一惊,因为他事先咨询过朋友,退土方的市场行情大概是3块钱一立方米左右,这个包工头的报价怎么会这么低?

正在他百思不得其解的时候,翁县长说话了:"1块钱太贵了,8毛钱吧。"

这下子,曹德旺更加震惊了,他决定按兵不动,看看他们的反应。谁想到,那个包工头竟然十分痛快地答应了翁县长的报价。

翁县长当场拍板:就给他做。詹镇长看到自己介绍的人得到了认可,也非常高兴,当即催着曹德旺签合同。

曹德旺心里一直犯嘀咕,总觉得哪里不对,又说不出来。他想起父亲跟他说的一句话:

"便宜不要太贪,价格严重低于价值时,这里面就一定有问题。"

为了避免风险,曹德旺跟詹镇长说:"这个包工头是您介绍的,我跟他没打过交道,不知道他为人处事如何,您可以用您的股份担保他不影响我的工程进度吗?如果您同意,我们就在合同上写明,一旦工程进度受到影响,您可得用您的股份赔偿。"

詹镇长想也没想,就在担保合同上签了字。

曹德旺一向信守承诺,合同签订之后,他马上按照合同条款让财务给那个包工头打了10万块钱的预付款。拿到预付款以后,那个包工头非常高兴,马上跑到曹德旺的办公室,给他塞了两万块钱。

曹德旺把钱扔了回去,厉声喊道:"放你狗屁,我的名字就值两万块钱吗?"

那个包工头以为他嫌少,于是小声说:"曹总,这钱您先拿着,以后再说。"

曹德旺冷笑一声,说:"你就是把10万块钱全都给我,我也不要!你这样做是在侮辱我,带上钱赶紧走。"

那个包工头见状,只好把钱收起来,灰溜溜地走了。

没想到,过了两天,他竟然又来了。这次,他带了一个沉甸甸的金手镯,说是给曹德旺太太的小礼物。

曹德旺骂道:"你信不信我给你扔了!你记好了,如果你再拿过来,我就把你的合同退掉。"

这到底是怎么回事呢?

原来,那个包工头承包退土方的工程,光雇人就要2.6元一立方。如果按照合同上的价格,每挖一立方,他就得亏1.8元。那他为什么又愿意0.8元承包呢?按照那个包工头的说法是:"福清的规矩是,先把合同拿到手,然后通过送礼,或者做做关系,再把合同改了。"

但他没想到的是,这次碰上的是曹德旺这样讲原则、有底线的人,送钱送金手镯都没用,没办法,工程只好一直拖着。

眼看着离合同上的竣工日期只有20天了,土方却一点儿都没动。

那个包工头就每天站在曹德旺的办公室门口等他,要请他吃饭,跟他磨。

一天中午,那个包工头又准时到曹德旺的办公室"报到",曹德旺让他把镇上的领导叫来一起吃饭。在饭桌上,曹德旺慢悠悠地对那个包工头说,你去买100只鸡,把鸡的舌头割出来吃"百鸡宴",并且叫上詹镇长和翁县长。大家都不知道是怎么回事,以为曹德旺是在说笑,都没有当真。

曹德旺一声不吭地把饭吃完,放下碗筷后,才说:"我可不是在说笑,百鸡宴吃完以后我要跟你们打官司,你们把宏路镇的股份,赔给我吧。两位领导吃完饭以后可以到工地上去看看,工地到底是什么进度!你们不要忘了,你们当初同意担保的,现在耽误了进度,你们要赔的。"[1]

一番话说的詹镇长和翁县长再也无心吃饭,他们赶紧开着车来到工地,看完工地上的情况,两个人气得七窍生烟——工地上一点儿动静都没有!詹镇长和翁县长这才认识到问题的严重性,指着那个包工头的鼻子就大骂了起来。

他们担心的,不是按照合同把宏路镇的股份赔给曹德旺,而是如果被县里知道了这件事,恐怕两个人的"乌纱帽"也难保了。于是,两个人再也不敢掉以轻心,每天督促包工头,让他加班加点,把之前延误的工期全都赶回来。一时间,整个宏路镇的拖拉机全都开到了工地上退土方。看到工地上的繁忙景象,曹德旺终于笑了。

但那个包工头却再也笑不出来了,他逢人就说:"曹德旺这个人跟狗一样。"这话传到了曹德旺的耳朵里,曹德旺笑一笑说:"我的确是属狗的。"

---

[1]《曹德旺:当我悟透这6件事,父亲已经不在人世》,《正和岛》,2020.4.19

经过通宵达旦的赶工，土方工程终于如期完成了。那个包工头来结账，曹德旺对他说："我挺欣赏你的。"他以为曹德旺是在讽刺自己，一声也没吭。曹德旺又说："这次咱们合作，我原本定的底价是 3 元，我了解过市场行情，这个价格是比较公道的。但是谁知道你竟然自己报了个 1 元，翁县长跟你砍价，你也同意了。我一下子搞不清楚这到底是什么情况了。"

那个包工头叹了口气，还是什么也没说。

曹德旺接着又说："我相信你也得到了深刻的教训。这次，我按照每方 2.8 元的市场价付你，我是老板你是打工的，我不会让你吃亏，但是你要记住，如果以后再出什么纰漏，我一定不会饶过你。把自己的幸福建立在别人的痛苦之上，这不是我的风格。"

那个包工头一听，千恩万谢，就差跪下了。

从那之后，那个包工头就跟定了曹德旺。福耀以后的工程，无论是福清的、辽宁的、上海的，还是湖北的、广州的，几乎都是他尽心尽力去施工的。就连曹德旺自己的别墅，也是他建的。

对于企业家来说，在做生意的过程中，与供应商打交道在所难免。大多数人在第一次受骗之后，会急于止损，而不是查清事实，进行教育，从而走向后续的共赢。其实，在商场上，甲乙方因为立场不同、行业差异、利益分歧等，产生纠纷是非常常见的，对于企业家来说，突破信息壁垒，尊重客观事实，要有透过现象看到本质的能力。

一个国家的前途在于不断开放与改革，一家企业同样需要保持开放，不断进化。

能不能为自己的企业建立价值互信的生态圈，有容乃大、互利共赢、共同发展，是卓越与平庸的企业家之间，在战略高度上最大的区别。

因为这件事，曹德旺也得到了一个深刻的教训：签订合同时，甲乙双方必须是平等的，你不要骗我，企图从中牟取暴利，我也不欺负你，弄清你的成本，充分尊重你的劳动。

后来，曹德旺越做越大，但这条不成文的规矩却一直没有改变。

后来，福耀玻璃的供应商越来越多，却都乐于和福耀做生意，最重要的一条就是：和福耀做生意，虽然赚的不多，但总是有得赚，而且付款及时。

很多人喜欢追求当下利益的最大化，但曹德旺却恰恰相反。他是一个长期主义者，重视长远价值高于眼前利益。他与前者的不同之处在于，注重眼前利益的人，会拼命压榨价值空间，一点儿价值空间都不想留给别人。而注重长远价值的人，却懂得让利于他人，知道留一点儿价值空间给别人，会让自己得到更多的利益。

不同的选择，决定了不同的归宿。注重眼前利益的人，一时赚得盘满钵满，未来路却越走越窄。像曹德旺这样注重长远价值的人，可能一时利润不尽如人意，未来的路却走得越来越宽。

"一个关系户也不招"

退完土方之后,接下来就是盖厂房了。

这可是一个人人都抢着做的肥差,翁县长又来找曹德旺,希望他把基建的活儿交给他外甥。曹德旺心里是万分不愿意的,于是推辞道:"那可不行,您是县长又是董事长,您外甥在我手下干活,我管不住。"

翁县长笑了笑,说:"都是自己人,他哪里做得不好,你直接甩他两个巴掌就行。"

曹德旺看他几次三番来找自己,知道如果一点儿工程都不给,肯定是过不了这关的,于是就让他外甥承包写字楼建造项目,为了保险起见,他跟翁县长"约法三章":工程预付款必须按工程进度预付60%,剩下的40%,必须等验收之后再结算。

翁县长挥挥手,说没问题。但实际上,他压根就没有把这个协议当回事。

结果,真如曹德旺所料:承包工厂建造项目的闽侯人,因为有了退土方时和曹德旺打交道的经历,知道他眼里不揉沙子,因此干起活来很卖力,加班加点,废寝忘食。不但提前完成了工厂的主工程,而且质量很有保障。而翁县长的外甥却一点儿也不把这件事放在心上,他仗着有舅舅撑腰,不把别人放在眼里,谁说的话也不听,自己爱怎么做就怎么做。曹德旺去工地检查,他当着曹德旺的面说得头头是道,曹德旺一走,他就继续乱来。结果,工期到了,活儿还没干完。

费了九牛二虎之力，工程终于完成。他马上找到曹德旺，让他打款。曹德旺哪能允许他胡闹，说："走，我们一起去看看你盖的楼，哪一段你随便挑，拆下去按图纸验收，合格我就全部付款，修复费用我出。如果不合格，你就翻开重建。否则，你一分钱也拿不到。"

"哼，我就不拆。你看我拿不拿得到钱！"翁县长的外甥甩手就往外走。因为他不敢拆，他知道工程很多地方都有问题。

曹德旺知道，他肯定跟翁县长告状去了。果然，第二天一大早，翁县长就冲进了曹德旺的办公室，指着他的鼻子就是一通骂，还说："你信不信，我撤了你的职。"

曹德旺听他骂完，平静地说："我当然信，你是董事长，大权在握，要开掉我这个总经理，可以。但一定要开董事会把为什么开我讲清楚，讲完了我自己辞职走人。"

翁国梁一下子愣住了，他没想到，曹德旺一点儿都不怕他的威胁。他气得脸通红，说不出话来，打开门走了。最终，他外甥的工程款被曹德旺扣了30%。从此以后，他们再也不敢做福耀的项目了。

而这件事，也让曹德旺跟翁县长结下了梁子。

但曹德旺得罪的，远远不止一个翁县长。

玻璃厂建成之后，员工的招聘工作也紧锣密鼓地进行着。在当时，这可是一份不错的工作，因此，早早地就有很多人跟曹德旺打招呼。县委、县政府、县人大、县政协乃至各科室局，都有人写字条，让曹德旺把自己的孩子、亲戚、朋友安排进来。

看着这一张张字条，曹德旺头疼不已：如果招进来的都是关系户，将来的企业怎么管？

经过一番深思熟虑，为了玻璃厂的未来，曹德旺做了一个决定：一个关系户也不招！

为了减轻阻力，曹德旺来到县委大院，找到县委书记陈元春，希望得到他的支持。陈元春一听，当即说："就按你想的办，按照成绩，该招谁就招谁。"并且还承诺，有事他会出面处理。

陈书记的话让曹德旺吃了一颗定心丸。

与陈书记见面的第二天,曹德旺就贴出了招工考试的告示。告示的内容很简单,只是说明了考试的时间和地点,并且要求对试题严格保密。

1987年9月,福耀玻璃厂招工考试的那天,有300多人前来参加考试。曹德旺亲自给他们发试卷、监考。开考之前,有人小声嘀咕:"考不考没什么用,考得再好没关系也上不去……"曹德旺听了之后,认真地对考生们说:"我告诉你们,你们今天一定要认真考,考试的目的就是要给你们公正!请相信我的承诺。"

考试结束后,曹德旺把办公室主任叫了过来,问他:"手里收到多少张条子?"

"大概100多张吧。"

曹德旺马上给他布置了一个任务:把考试名单上递过条子的人都标注出来,直接划掉,暂不考虑。然后按照成绩排序,通知前100名去面试。

办公室主任非常纳闷:"不管成绩好坏?有条子的都不要吗?"

曹德旺很坚定地说:"是,不管成绩好坏,凡是写了条子来的,统统不招。"

办公室主任一脸担忧地说:"翁县长那天把1—10号准考证拿去了,特意让我跟曹总说,1—10号是他的。"意思就是,考好考坏,这10个人都要进。

曹德旺挥了挥手说:"没事,你不要替我担心。这10个也一样,不管考试好坏,都不要收。"

临走,曹德旺还叮嘱主任,面试的人中,教师子女要优先。

面试通知一出,翁国梁又气呼呼地跑到曹德旺的办公室:"老曹,你是存心跟我过不去是不是?"

曹德旺早就料到他会来,不动声色地说:"天地良心,翁县长,我没有一点儿要跟您作对的意思。我知道咱们这一架早晚要吵。你想啊,今天招工您为他写信,明天迟到您还得为他写信,您写不完的信,我也总不可能一一都满足您吧?否则工厂也办不下去了。不如趁现在,写信的全都不要,提前把这个架吵了,也除了祸根。"

曹德旺之所以要这么做,是因为他父亲曾经说过:

"如与对手交战,有本事你就要把马上的将军杀了,不要拿那些没用的开刀。要知道,杀一个将军,可以镇住下面的几千号人。"

翁县长听了曹德旺的话后,哑口无言。但从此之后,他就处处与曹德旺作对,还经常在董事会上对曹德旺提出的建议横加否决。

后来,翁县长在福耀玻璃厂的所作所为被县里知道了,县里决定撤掉他董事长的职务,让曹德旺来当董事长。换了别人,得了这样的美差一定会欢天喜地,但曹德旺却坚决拒绝。

他为什么坚决拒绝董事长的职位呢?

曹德旺说:

> "一个企业与一个人一样,要活着,都要有一颗头。企业这个人是法人,要直接面向社会各界,做头的条件,一是必须具备较高的综合素质,二是要有广泛的人脉关系。如果条件不成熟,贸然去当头,等着你的恐怕就不光是福祉了。"[1]

因此,虽然陈元春书记不顾他的反对,直接委任他为福耀玻璃厂的董事长,但曹德旺只在这个位子上待了一周的时间。一周之后,他就召开董事会,要求选举新的董事长,并且推荐王宝光为董事长的候选人。他认为,王宝光更适合这一职务,而他自己,仍然愿意当他的总经理。

---

[1] 曹德旺.《心若菩提》[M],北京:人民出版社,2014年

龙舟赛怒扔奖杯

"原则性强,六亲不认",这是曹德旺身边的人给他的评价。曹德旺性格刚毅,做事情一是一、二是二,原则性非常强,而且不会轻易妥协。从20世纪80年代末期发生的一件事上,他的这种"硬脾气"就可以窥见一斑。

1988年夏天,福建国际龙舟邀请赛在福清县宏路镇的东张水库拉开了帷幕。这是福清县第一次担任国际体育赛事的东道主,现场十分隆重,不但有省、市、县各级领导到场,还有电视台进行转播。福清县的老百姓们几乎倾城出动,举家前来观看这场比赛。作为颁奖嘉宾,曹德旺也坐在主席台上观看。

经过几轮激烈的角逐,比赛结果终于出炉,颁奖环节开始了。曹德旺一直等着主持人叫自己的名字,谁知道,冠军、亚军、季军的奖杯都有人颁发,直到纪念奖,主持人才宣布由曹德旺进行颁奖。

当时天上下着倾盆大雨,曹德旺冒着雨从主席台走向颁奖台,从礼仪小姐手里接过了纪念奖奖杯,正当获奖的澳大利亚队队长伸出手来接奖杯时,曹德旺突然做出了一个令人震惊的举动:把奖杯扔进了水库里!

全场一片哗然,主席台上的人也都僵住了。

这时,曹德旺开始大骂起福建省体委的一位领导,怒斥他是"大骗子"。

当时在场的朋友赶快把曹德旺拉到旁边,一边拉一边对曹德旺说:

"曹总，你赶紧走吧，今天这里是一级保卫，你再吵下去会被抓的。"

现场很多人都纷纷摇头：曹德旺的脾气真是太大了，却没有人了解事情的来龙去脉。

原来，当初福清拿下国际龙舟邀请赛的主办权时，这位领导找到曹德旺，希望福耀玻璃能做这场比赛的赞助商。既能为支持家乡的事业出一份力，又能宣传自己的企业，何乐而不为呢？因此，曹德旺毫不犹豫地答应了，在那位领导拿来的合同上签下了自己的名字。根据合同，福耀玻璃捐给福建省体委主办的国际龙舟邀请赛 5 万元人民币，赛事命名为福建省"福耀杯"国际龙舟邀请赛，曹德旺负责颁发冠军杯。

为此，曹德旺还专门到福清县委找到陈元春书记，向他详细汇报了这件事，并请书记代替自己在比赛时去颁奖，觉得自己太"老土"了，不适合在这样的国际比赛上露面。陈书记笑了笑，说："这有什么关系，他跟你签了合同，就是你去颁奖。"

曹德旺以为合同都签了，这事就这么定了，就暂时放到了一边，专心于自己的工作。谁知道，接下来的几个月，又发生了无数次变故。

两个月后，省体委的办公室主任把他叫到了自己的办公室，说省领导认为龙舟赛这样一个国际赛事，用企业的名字冠名不妥，应该改成"中国福建国际龙舟邀请赛"。曹德旺不是一个斤斤计较的人，既然省领导发话了，他便同意放弃冠名权。办公室主任连连感谢他的大度。

几天后，那位办公室主任又打来电话，让他到省体委开会。原来，龙舟赛改成"中国福建国际龙舟邀请赛"之后，排名也随之变成了冠军、亚军、季军，之前跟曹德旺说好的"福耀杯"就只能做纪念杯用了。

曹德旺一听，勃然大怒，马上追问到底是怎么回事。

那位办公室主任看曹德旺不肯善罢甘休，就干脆把事情挑明了：前段时间，一位印尼的大老板给了这场龙舟赛 60 万港币的赞助，冠军杯只能由他来颁发。

曹德旺这才恍然大悟，他生气地说："我今天告诉你，除非你不办这个赛事，要办，不要说我出了 5 万元，就是只出 5 分钱和你签了合同,这场赛事的冠军杯我就买定了,我绝不退让。"说完,他摔门离去。

转眼间就到了比赛的那一天。原本,曹德旺不愿意去比赛现场,但省体委却专门派人来给他送了请柬,邀请他去坐主席台并颁冠军杯。曹德旺去了才知道上当受骗了,一怒之下就有了扔奖杯的一幕。

这件事引发了轩然大波,甚至惊动了省长,省委、省政府都进行了调查。不过,对曹德旺的处罚并不严重,只是让他写一份检查。曹德旺按照省里的要求写了一封检讨书,将经过写得一清二楚,还检讨了自己的两个"错误":一是发奖杯那天不该去,二是错误地认为自己身为福耀的总经理,应该以维护公司的利益为天职。

像怒扔奖杯这样的事,在曹德旺身上还发生过很多次。

有一年夏天,与福耀玻璃厂相邻的东张水库马上就要决堤了,公安局的人跑到他的公司门口挖隧道。曹德旺举着雨伞站在工厂门口,让大儿子曹晖叫几十个工人过来。工人们来了,曹德旺大喊:"揍他,你揍他!"

后来,曹德旺回忆道:"你说东张水库都快要决堤了,跑到我门前挖我的隧道干什么?"[1] 他的霸气体现得淋漓尽致。

还有一次,福耀玻璃厂区员工开的内部网吧被城管查收了,曹德旺知道后,马上打电话给福清县委书记:"我跟他讲,我们一年交几亿税给你……我的员工开的店铺,不要你的地,不欠你的税,是内部家属开的。你现在来了一帮人搬走我们的电脑。你尽快派人,我已经警告他了,他如果再来我不会再客气。"第二天,福清县组织各部门开会总结:那里是曹德旺的领地,不要动。

曹德旺就是这么霸气、这么倔强,他的倔强自有底气:与同时代的其他企业家相比,他没有原罪感,20世纪80年代就拥有了玻璃厂的全部产权。多年的奋斗也使他拥有了强大的经济资本——福耀玻璃

---

[1]《曹德旺:国王的领地》,李冬梅,《人物》,2015.03

厂每年为福建省贡献几亿税收,相当于一座城市农工业收入的总和。正是这种底气,让他性格中保留了很多中国企业家身上罕见的直率和张扬。

第五章

以仁为本:"爱兵如子,他们是企业真正的财富"

我跟下面总公司的经理说,你发现公司员工有重大困难,不要请示。需要解决,就帮他解决,不能把员工推到社会上去。只有员工在乎你,企业才会有前途。

搬掉人事档案的"拦路虎"

1988年夏天,刚刚成立不久的福耀玻璃厂就像一株幼苗,在福建福清市的一个小山坳里破土而出,默默地积蓄力量,努力成长。这时,面临毕业的厦门大学学生左敏,也即将走出象牙塔,进入社会这个大熔炉里去历练。

左敏是厦门大学学生会干部,他所在的部门组织策划了一场以"青年使命"为主题的研讨会。为了举办研讨会,左敏和同学们到处拉赞助,一个偶然的机会,他听说"福清的曹德旺乐善好施"。

无计可施的左敏打算到曹德旺这里来碰碰运气。他坐着大巴车,经过一整天的舟车劳顿,来到了福耀玻璃厂。见到曹德旺之后,左敏诚恳地讲明了自己的来意。曹德旺的态度非常热情,这是他第一次接待名牌大学学生。

在与左敏交流之后,曹德旺非常欣赏这位年轻人的闯劲与热忱,满怀期望地邀请他到福耀玻璃厂工作。当时他对左敏说过的一席话,几十年来一直清晰地印在左敏的脑海里:

> "中国的汽车玻璃市场巨大,过去以进口为主,价格昂贵且终端服务不好,我们计划为中国人做一片属于自己的高质量玻璃,我们需要你这样的人才。"[1]

---

[1]《曹德旺的重要时刻》,袁阳平,《支点》,2019.3

讲完之后,他当场给了左敏两万元赞助费。左敏喜出望外,在他看来,"这笔数额巨大的赞助费,是他对我的一份信任"。

经历了这一番"奇遇"的左敏高高兴兴地回到了学校,他激动地向同学们讲述了自己与曹德旺交流的整个经过。可是,看着他讲得眉飞色舞的样子,同学们的脑子里却满是问号,他们怎么也想不明白,一个乡镇民营企业的老板,怎么会这么慷慨地拿出如此一笔巨款,来赞助一场与他毫无关系的研讨会?

但与曹德旺打过交道的左敏却非常笃定:曹德旺是一位具有伟大抱负和担当精神的企业家。

几个月后,左敏毕业了,像他这样毕业于名牌大学——厦门大学,学的是社会急需的会计学专业的"天之骄子",大部分都选择进入政府机关或者是当时最热门的外贸行业。但左敏却做出了一个令人惊讶的决定:加入福耀玻璃厂,与曹德旺一起踏上了创业之路。

对于左敏的选择,很多人困惑不解,其实他的理由很简单:人以群分,他被曹德旺的人格魅力深深地吸引了。

后来,左敏从一名小小的员工,一路打拼成为第一副总裁、总经理。他在福耀玻璃厂的发展,证明了他当初的选择没错!

像左敏一样想加入福耀玻璃厂的大学生还有很多,但他们心中都有一个共同的顾虑:合资公司能不能接收大学生的档案?

改革开放以来,人才一直是"稀缺资源",各行各业都需要有才能的人,求贤若渴的曹德旺更是为招募人才绞尽脑汁。大学生的疑问也是曹德旺的疑问,于是,他打电话向福建省人事局咨询,得到的答复是:国家目前没有这个政策。因此,像福耀玻璃厂这样的非国营企业不能接收大学毕业生的档案。

曹德旺一心求贤纳士,但人事档案却成了一个"拦路虎",让他错失了很多有潜力的大学生。曹德旺越想越觉得愤懑:难道非国营企业就不需要人才?难道非国营企业就不需要发展,永远就只能做街道大妈糊纸盒的工作?

在这之后，他花了很长时间，走访了许多民营企业、合资企业以及独资企业，发现这是一个普遍存在的问题，因为不能存放人事档案，这些企业很难招到合适的人才，社会经济发展因此受到了极大的制约。

曹德旺心中的那份责任感又涌了上来，他暗下决心，要努力解决这个问题。在他看来，这一关不破，所谓的改革开放就只是一句空话。他相信政府一定会重视这个问题，对人事档案政策进行改革。

曹德旺是一个能将不可能变成可能的人。接下来的一段时间里，他一趟一趟地跑福建省人事局，三番五次地拜访时任的人事局局长、处长，谈改革，谈需求，探讨人事档案的规定不仅影响了刚起步的福耀玻璃厂，也影响了无数如雨后春笋般涌现出来的合资、独资企业。

正所谓"天道酬勤"，终于，曹德旺的建议得到了有关部门的重视。后来，经福建省省长批示，作为试点，福建省率先成立全国第一个人才交流市场，也就是现在的中国海峡人才市场，它解决了当时大学生毕业后去合资企业就业的档案问题。

人才交流中心成立之后，曹德旺被邀请担任顾问，为了方便他们为更多的大学生服务，曹德旺还捐给人才交流中心一辆吉普车。

人事档案，这个横亘在中国合资企业、独资企业与大学毕业生之间的"拦路虎"，就这样被曹德旺悄悄搬掉了。在曹德旺等人的努力下，人才这个"第一资源"终于放到"无形之手"里自由调控。

后来，很多省市纷纷效仿福建人事局的这一做法，两年内，人才交流中心在全国各地遍地开花，代办外地人才就业接收、落户以及工龄计算等，如今司空见惯的人事代理事项，开始在全国流行开来。福耀玻璃厂这样的民营企业因此打破了招人难的困局，企业发展得到了极大的助力。

敢开先河，勇担责任，这就是曹德旺。

尾牙宴上的集体婚礼

欲成天下之大事者，必有一颗博爱之心。曹德旺的博爱之心，体现在他多年坚持的慈善事业上，更体现在他的爱兵如子上。

福耀玻璃厂成立以来，员工队伍不断扩大，到1989年春节，已经有100多名员工。春节前10天，曹德旺亲自参加并主持了福耀史上第一次尾牙宴。尾牙的传统从那时起一直延续下来，成为如今福耀文化的重要组成部分。

尾牙宴是闽南地区的传统民俗文化，原来是指商家希望来年生意兴隆，准备好酒好菜给土地公"打牙祭"，祈求得到保佑。随着时代的变迁，尾牙宴逐渐演变成企业在年终的重要聚会，成了老板对员工一年所做的贡献表示感激的仪式。福耀玻璃厂的尾牙宴，除了这些例行的环节之外，还增加了一个新的环节——借助这个机会，员工们可以尽情地展现自己的业余爱好和专长，员工之间可以畅所欲言。

起初，员工们大多不敢上台表演，为了激发他们的勇气，曹德旺带头到舞台上献唱。一曲唱罢，曹德旺鼓励他们：

"我们的舞台是不卖钱的，大家有能力，都应该上来表演，我们大家会给予掌声。掌声代表什么？当你走上舞台，下面响起热烈的掌声，表示欢迎，欢迎你到我们的舞台来，为我们表演；当你唱砸了，也会响起掌声，这掌声，代表谅解，相信你将来会唱得更好；当你唱得非常成功时，掌声向你表示祝贺；当你唱得不好也不坏时，掌声向你表示感谢，因为你的存在，让我们在刚才的几分钟里得到了欢乐。"

员工们听了之后，放下了自己的羞涩与腼腆，纷纷上台表演。

第一次尾牙宴是在福耀玻璃厂的职工食堂举办的，当时公司正处于起步阶段，没有太多钱，所以餐桌上都是一些家常小菜，显得有些寒酸，但场面却异常热烈。

正是从那时开始，尾牙宴就成了福耀玻璃厂年底的盛典。无论福清、长春，还是北京、重庆，只要有福耀工厂的地方，就有尾牙宴。在这一天，全厂的职工，从总经理至生产一线的所有员工，都会聚集在员工餐厅里，热热闹闹地欢度新年。大家围坐在一起，吃着丰盛的饭菜，欣赏着员工们自导自演的各类节目，共同回顾过去一年的艰辛与成就，共同展望新的一年。

在曹德旺看来，尾牙宴已经成了福耀玻璃厂的一种企业文化：

"尾牙宴让所有的员工在承接春节所凝结的优秀传统文化的同时，享受到福耀大家庭的欢乐和温馨。所谓家和万事兴，福耀这个大家庭的兴旺与发达，当然离不开中国文化的传承与发展。"[1]

老子云："域中有四大（道天地人），人居其一焉。"曹德旺的观点深得其精髓：

"我们每天的工作都是在与人打交道，各级政府领导、我们

---

[1] 曹德旺.《心若菩提》[M]，北京：人民出版社，2014年

的员工、我们的供应商、我们的客户,还有与我们打交道的社会各界人士。面对这来自方方面面的人,我们做的每一件事,都必须充分考虑人的重要性,要换位思考。就拿员工来说,人家把孩子送到福耀,就是信任我们,我们就应当把这些孩子当作自己的孩子来培养。我认为,企业是人做的,在所有的企业要素中,人是最关键的,坚持人本主义文化理念是企业成败兴衰的关键之所在。因而福耀始终坚持'以人为本'的管理思想,把每一个员工都当作福耀的孩子,为他们提供良好的成长环境。"

"以人为本",对曹德旺来说,就是想员工之所想,急员工之所急,帮他们解决难题。

1989年的一天,福耀玻璃厂的工会主席气冲冲地走进了曹德旺的办公室,严肃地要求他制止新任财务经理左敏的"不良行为"。

原来,左敏和未婚妻在工厂里同居,引起了很多人的闲言闲语。他们有时睡在男职工宿舍,有时还把未婚妻同舍的其他女职工"赶到"其他宿舍去睡,好给他们留下单独空间。工会主席认为这件事严重影响了公司形象,必须严格处理。

曹德旺是个开明的人,这种私事他原本不想过问,但工会主席既然把这件事看得如此严重,他也不能坐视不管。于是,他找来左敏,问他到底怎么回事。

左敏如实相告:未婚妻户口落不了地,没法办理结婚证明,再说家庭经济困难,也没钱举办婚礼。"我与女朋友是第一批来福耀玻璃厂工作的大学生。这里书店、文娱活动都少,加上初来语言不通,我们两人是彼此的依靠。"

左敏的这番话让曹德旺陷入了沉思中:现在公司的员工有将近八成是年轻人,左敏这样的一定不是个例,这个棘手的难题必须解决。

送走左敏之后,曹德旺把工会主席叫来,与他探讨如何解决这个现实问题。他认为,如果没有一个行之有效的解决办法,久而久之员工一定承受不了，很可能会选择离职，这对福耀玻璃厂的未来发展是极其不利的。

经过仔细讨论后，他们定下了两条规定：

一是限制员工在公司里发红白喜事请帖，违反者按发帖数量每张罚 500 元。员工也禁止接受邀请去参加这些喜庆宴席，违者罚款 1000 元。这个规定一方面是给那些喜欢虚荣的年轻人一个台阶下，减轻他们的经济负担；另一方面则是在公司内倡导节俭之风，抵制铺张浪费的现象。

二是由工会出面，在员工中实行婚礼登记制，凡当年欲举办婚庆典礼的员工，可借公司年终尾牙宴会时一起举办集体婚礼，做到严肃、喜庆、隆重。

1990 年春节，福耀玻璃厂的尾牙宴如期举行，曹德旺为左敏等 6 对年轻人举行了集体婚礼，并为他们证婚。为了表示对新人的祝贺，曹德旺还出钱为他们布置了新房，送了沙发。虽然朴素，但婚礼办得很热闹。

这是福耀玻璃厂史上第一次在尾牙宴上举办集体婚礼。曹德旺告诉大家，公司集体婚礼将长期存在。

如今，尾牙宴已经成为福耀企业一道靓丽的风景线。

有人问曹德旺，如何当好一个总经理，曹德旺说：

> "要爱兵如子，要像父亲对待儿女一样对待员工，从德、智、体发展全方位去关心他们，因为他们才是企业真正的财富。"

曹德旺对员工的关爱，后来也使他自己得到了福报。其中，有两个人的故事最为典型：

一个是福耀集团现在的副总裁陈居里。

陈居里是 1990 年毕业的大学生，按照福耀玻璃厂的规定，无论什么学历，都要先去工厂车间锻炼。陈居里在垂直炉上三班倒，每天用平板车把废弃玻璃从车间里拉出去倒掉,一车玻璃有一两吨重。他性格内敛,不爱说话,经常替别人背黑锅,别人做的错事都往他身上推,他也不辩解。有好几次,曹德旺都生气地调换他岗位,但每次他都能站起来。

曹德旺问他,为什么受了那么多气,却没有选择离开?陈居里说:"只要福耀有我一张办公桌,我就不会离开。"

曹德旺问:"为什么?"

陈居里说:"因为您是一个正直的人。有哪个公司能和福耀一样,公司利益和老板利益完全一致?这么好的公司,我碰到了,怎么会轻易离开?"

曹德旺问他为何不申辩?他说:"申辩会让别人觉得是在推卸责任,也很难细究。最近在看《艾克卡自传》,艾克卡说:'我用25年为福特工作,就是为了这最后5年大干一番。'"陈居里认为,每个人的一生,多半时间可能都在打杂,有了机会才能做些重要事情。但前面十几年、二十几年的杂事,你是一定要做的。工作就好比买东西,只有先展示你的本事,才能得到一个好价钱。而要让别人看见你的本事,就得先把事儿做好。

后来,陈居里证明了自己,成了福耀集团的副总裁。

另一个人是黄中胜。

黄中胜原来是福耀浮法玻璃公司的总经理,因为下属郑爱锋拿回扣事件,被曹德旺降职。后来,他在福耀的很多岗位上都干过,无论是上上下下,他都不吱声,在任何岗位上,都勤勤恳恳,做得很好。

几年后,曹德旺才知道,贬他做销售副经理的时候,有一家公司开30万年薪挖他,而当时福耀给黄中胜的年薪才12万。

曹德旺好奇地问他:"为什么不走?"

他眼睛一下子湿润了,说:"老板您忘了吗?2001年,我老婆生儿子,名字还是您取的。孩子生下来就脑瘫,要在福州治疗。我一个外地人,人生地不熟,知道公司有些套房,问您能不能借一套给我暂住，您说，'可以让你老婆孩子，住在我家里'。"

"我只是一个普通员工，当时您一点儿顾忌都没有，一点儿不担心我老婆住到您家，会给你们带来多少麻烦事。这种事，就是普通朋友，都不会那么轻易开口答应的。"

黄中胜跟曹德旺说："老板，您让我在福耀有了归属感。"

或许，真的应了曹德旺的名字，"有德之人，必然兴旺"，福耀能有后来誉满全球的成绩，与曹德旺这种爱人、容人的博爱之心，有莫大的关系。

"馒头皮"风波

福耀玻璃厂刚成立时，虽然资金紧张，但曹德旺还是挤出了80万元建了员工宿舍和食堂。他希望有了宿舍和食堂，员工们可以在福耀找到家的感觉，得到安全感。

有一天早上，曹德旺到员工食堂吃早饭，可是他走在食堂里，越看心里越不是滋味：当时已经过了员工就餐的时间，餐厅里已经没有员工吃饭，但餐桌上却到处扔着包子皮、馒头皮……

曹德旺是农民出身，从吃不饱饭的年代一路走来，对这种浪费粮食的现象自然是痛心疾首。他马上叫来食堂的炊事员，问他怎么回事。

炊事员解释道，因为员工太多，怕早上现蒸馒头、包子来不及，于是，食堂都是前一天晚上就把它们蒸好。那些年轻人可能是觉得手拿的地方比较脏，于是把馒头皮、包子皮都撕下来扔掉了。起初，这样做的人并不多，但后来大家都有样学样，渐渐地，越来越多的人开始这样做了。

炊事员的话让曹德旺惊讶不已：自己小的时候，一天只能吃两顿饭，还都是汤汤水水，后来，吃的粮食也全部凭粮票供应，每个人能分到的粮食极其有限。粮食，是多么宝贵的资源，而现在，这些年轻人竟然如此不珍惜粮食！

他由此见微知著：这些小小的浪费，从深层次反映出了福耀员工的素质急需提高。

回到办公室后,曹德旺奋笔疾书,亲自写了一封《致全体员工的公开信》,提醒员工,要注意提高自身修养,要学会尊重劳动,提升行为素质。

在信中,他写道:

> "公司成立两年来,已经实现基本建设投资 3500 万元人民币,产值 5000 万元,得到社会各界的高度评价,饮誉祖国大江南北。为此,我向为公司做出贡献的全体员工表示崇高的敬意和衷心的感谢。但是,'逆水行舟,不进则退',我希望全体员工眼下要抓好三件事:第一,要戒骄戒躁,树立整体观念和集体荣誉感,正确对待成绩和个人的贡献,这是福耀公司保持长盛不衰的首要条件。第二,要尊重劳动,注意修养,提高素质。公司食堂餐桌上被扔掉的馒头和被掏了心的包子皮,说明公司里存在浪费粮食、践踏他人劳动的行为,且在公司没有得到有效制止,这是福耀人的耻辱。我希望员工们不要忘记,在中国这块 960 万平方公里的土地上,还有许多同胞吃不饱。第三,遵纪守法,共同奋斗,创建先进企业文化。最后,我希望全体员工严格遵守各项规章制度,以高度的责任感和荣誉感,去建设兴旺发达、具有世界先进水平的福耀公司。"

公开信里,曹德旺还写了他在小学时读到的一首诗,"锄禾日当午,汗滴禾下土。谁知盘中餐,粒粒皆辛苦"。并要求员工们对自己的行为进行深刻反省。

曹德旺让行政经理把这封公开信张贴在食堂门口,让员工们都看一看。行政经理走后,他又觉得只靠这样的通告还不足以解决问题,于是,当天下午,他又召开了一次全体职工大会。

在会上,曹德旺严肃地问:"今天,我在食堂看到餐桌的台面上丢了很多的包子皮、馒头皮,我相信,在座的各位,都有丢过。你们能告诉我，你们为什么扔吗？"

台下鸦雀无声。

曹德旺看着这些如自己孩子般的年轻人，心想：他们都是朝气蓬勃的青年，应该让他们尽快从虚荣中解脱出来，这样才能真正得到成长。

"你们都是读书人，在座的每一位学历都比我高，但是，我没有想到，你们读了那么多书，怎么反而不明事理？"他严肃地说，"古人说穷炫耀，就是说没有钱的人才爱炫耀，为什么？缺乏素质，虚荣心使然。不珍惜粮食，乱扔馒头皮、包子皮行为十分不雅，这不能证明你家富有，恰恰相反，从这里可能暴露出你家的贫穷与你内心的自卑。你们认真想一想，你们的这种行为不仅仅是浪费，更严重的是自身修养与素质严重低下的表现，这是对他人劳动极不尊重的行为。试想从农民种麦子到变成馒头上桌，有多少人为此付出过劳动，你怎么可以把它一扔了事！"

最后，曹德旺宣布了一条决定："为了让你们更深刻地记住这个道理，从明天开始，我决定早餐停供3天馒头。"

从那之后，福耀职工食堂的餐桌上再也没有出现过被丢弃的馒头皮、包子皮，甚至连米粒都难寻踪影。

当然，曹德旺也体谅一线工人们的辛苦，在他看来，孩子们犯错要进行严厉批评，但食堂的服务也必须到位。所以，他特意通知行政经理与食堂商量，馒头不要提前一天做，而是让师傅辛苦一点儿，凌晨起来做以保证它们新鲜。

一次，在接受电视台采访时，主持人问曹德旺："你对员工好吗？"曹德旺立即回答道：

"我们的员工，我都把他们视同为孩子一样。"

在曹德旺看来，把员工视同自己的孩子，不仅要为他们创造好的平台，给他们提供好的福利待遇，更重要的是严格要求他们，帮助他们改掉身上的坏习惯，督促他们更好地成长。这才是对员工负责的企业家精神。

生命无价

曹德旺经常会回忆起父亲曾经对他说过的一句话:"你若是开店的,开门看见门口躺着人,你一定要先给他灌水,有口气了再送医院。"

他不仅把父亲的这句话牢记在心,更用行动来践行。

2007年5月的一天,曹德旺接到了福耀集团北京公司桑总的一个电话,说公司前两个月招了一个来自河北农村的应届毕业生田军,这位员工五一假期的时候回家探亲,却突发急症,到医院检查之后,发现他得的竟然是白血病。但是因为家庭条件差,这位员工根本没钱住院治疗。

曹德旺一听,毫不犹豫地表示:马上把他送进医院,全部费用都由公司来承担。

桑总提醒道:"他只是我们公司的一个实习生,还没有正式录用,也没有签正式合同。而且,因为病情严重,住院的费用恐怕要十几万。"

曹德旺想起了父亲对自己说过的话,说道:"与公司无关的人,我们都会尽自己所能去帮助他,更何况,他还是我们公司的实习生!"

于是,按照曹德旺的指示,桑总把那位实习生送到了医院。两天后,他又打电话给曹德旺:"医生说治疗费用最低要50万。"

曹德旺生气了:"人送进去了还在乎要花多少钱?"

事后,桑总针对此事进行了调查,发现这位实习生才20岁,出生在河北农村,从小就没有父亲,与母亲相依为命,生活非常拮据。

2007年3月进入福耀集团北京公司，在钢化包装车间实习。在车间里，他工作态度一直很认真，干起活来积极主动，从不推卸责任，是一个朴实、勤快的孩子。五一假期之前，他就常常感觉身体乏力，一开始还以为是工作太劳累休息不好导致的，想着过段时间就会好。没曾想，在回老家的路上，他就感觉非常不舒服，而且头晕无力。到家后，家人们马上把他送到当地医院，检查结果却是白血病。原本就生活困窘的母子俩抱头痛哭，不知该如何是好。医生建议他们转院到擅长治疗白血病的北大第一医院治疗，但家里实在拿不出钱来。五一假期结束后，大家都回去上班了，这位实习生却迟迟没回到岗位上。带他的师傅打电话向他询问情况。他才告诉师傅，自己得了白血病，家里又没钱治病，只能等死了。他的师傅听了之后，心急如焚，马上把这个情况向北京公司的总经理进行了汇报。

了解了事情的详情之后，曹德旺更加坚定了救助这个孩子的决心，他指示桑总，务必要负责到底。

桑总随后赶到北大第一医院，先找到主治大夫董医生，了解田军的病情和治疗的进展情况。医生告诉他们，预计需要一年左右的治疗时间，总花费至少需要70—80万元。听完医生的介绍，他们即向院方表示：请全力挽救这位年轻人的生命，所需要的费用，一概由公司来出。

紧接着，他们又来到病房，探望那位实习生，并安慰他的妈妈保重身体，要支持他好好配合治疗，还向她转达了曹德旺的关切。他们的话音刚落，那位实习生的妈妈就感动得热泪盈眶，"扑通"一声跪在了地上。

幸运的是，经过医院的救治，田军的情况一直在向着好的方向发展。因为有了曹德旺的支持与鼓励，他的精神状态一直很好，积极地配合治疗，表现得异常坚强。第一次化疗，就取得了不错的效果，血液内的生化指标良好；进行骨髓配对，通常是选用兄弟姐妹的骨髓进行，但也有六七个兄妹却不能配对成功的先例。这位实习生唯一的姐姐所提供的骨髓，却非常吻合。

他的主治大夫董医生感慨地说："这个小伙子是不幸的，因为他这么年轻却得了这样的病，然而他又是幸运的，他姐姐的骨髓配对如此吻合，更幸运的是他遇上了一个好企业、好老板。我们也有病人因为没钱治疗遗憾地失去了生命，也有单位得知员工患了这样的病而置之不理，但你们福耀却能做出如此善举，实在是为中国的企业树立了典范，福耀的员工真幸运。"

一年多后，田军终于战胜了病魔，回到了公司。听说此事后，曹德旺感觉一切付出都是值得的！与此同时，他还深深地感慨：在这一年里，他并不是一个人独自地与白血病魔搏斗。公司的全体员工，始终和他并肩站在一起！

生命无价！曹德旺对于这句话有了更深的感触。

"人要有悲悯之心，才会真心地帮助别人，一个真正的企业家，必须做到敬天爱人、不犯天条、不犯众怒，这是必须坚持的底线。"

这是曹德旺一生坚持的信条。

父亲强调的"立德""做事业而不是为赚钱"等观点，影响了曹德旺的整个经商生涯，也成为他如今成功的重要因素。2012年，他捐出了曹家家族3亿股票，成立了河仁基金会，用于企业基础研究、助学以及医疗救助。"河仁"是曹德旺父亲的名字，父亲给了他爱的教育，他希望以这种方式表达对父亲的怀念，同时让父亲的思想帮助到更多的人。

"我跟下面总公司的经理说，你发现公司员工有重大困难，不要请示。需要解决，就帮他解决，不能把员工推到社会上去。"他还在公司里出台了一个规定：公司员工以及其嫡系家属的重大病患，都由集团来管。曹德旺说，只有员工在乎你，企业才会有前途。

在福耀集团的一次大型晚会前半个小时，曹德旺像往常一样在厂区踱步,正好碰到一群化好妆准备演出的小员工们,结果这些孩子如粉丝见到明星一样尖叫,一窝蜂冲上去抓住他合影。

也许,那是让曹德旺最为满足的一刻。

第六章

专注如一:"我 40 年坚持只做一块玻璃"

做减法比做加法更重要,知道自己不做什么比做什么更重要。无论是人,还是企业,想获得更大的成功,就必须找到焦点,集中自己的资源,专注、坚持,做到极致。

跌宕起伏的上市路

曹德旺爱打高尔夫球，为了练习球技，他常常清晨时一个人在旷野中不断挥杆。他深深懂得，球场上的长草区、水洼、沙坑、树丛、陡坡、悬崖，都是把球攻上果岭的障碍。只有打败这些"拦路虎"，才能赢得胜利。打高尔夫如此，做生意亦是如此。20世纪90年代，曹德旺就是借助资本市场，突破重重阻碍，带领一个乡镇企业攻上了世界的"果岭"。

因为一次国际贸易，曹德旺结识了新加坡一家银行的行长林仰波，双方十分投缘，一来二去，成了无话不谈的好朋友。应林仰波的邀请，1990年夏天，曹德旺前往新加坡考察。那时的他怎么也没想到，这次新加坡之行竟然揭开了福耀集团上市的序幕。

在新加坡，一个偶然的机会，林仰波向曹德旺说起了上市的话题，并问他是否有意带领福耀集团上市，并主动表示，自己可以帮忙。

这是曹德旺第一次听说"上市"这个词，对于上市到底是怎么回事，他一无所知。在他朴素的认知里，一家公司一旦上市，股权就被稀释了，并不是一件好事。他更不明白：既然自己的公司这么赚钱，为什么还要上市？

林仰波听了他的疑惑，哈哈大笑，然后耐心地向他解释公司为什么要上市、资本对于一家公司的重要性。一通长篇大论下来，曹德旺听得云里雾里，但他相信林仰波，于是就把这件事记在了心里。

从新加坡回来时,曹德旺在香港中转,顺便参加了福辉公司香港上市的仪式,当时的福建省政府陈秘书长也在香港,于是曹德旺就向他讲起了上市的想法。巧合的是,当时的福建省政府正在找一家企业进行国内证券市场上市试验,听到曹德旺有上市之意,陈秘书长眼前一亮,当即表示推荐福耀玻璃厂为试点发行企业。

1991年春节过后,福建省体制改革委员会和人民银行派了一个工作组到福耀玻璃厂,协助曹德旺筹划上市的事宜。

其实,早在20世纪80年代初,国内一些敢于创新的企业就率先发行了股票,股票的市场交易活动随即出现。80年代后期,规范股票交易的需求也越来越强烈。1986年9月,经中国人民银行上海市分行批准,第一个股票柜台交易市场在上海成立。1987年5月,经中国人民银行总行批准,深圳市也建立了股票柜台交易市场。最重要的是,经中国人民银行批准,上海市于1990年12月、深圳市于1991年7月先后成立了规范的证券交易所。上交所与深交所的设立,为国内企业上市、筹措资金和转换治理机制提供了极大的便利。

然而,在当时的福建省,还没有一家公司尝试过上市,所有人都不懂得如何操作,只能摸着石头过河。最终,大家讨论的结果是,把福耀玻璃厂1990年的净资产6127.5万元,按一股1.5元算分成4085万股,面值一块,一股卖1.5元,完全没有溢价。

1991年6月22日,闽发证券发行了福耀股票,第一批1600万股,每股1.5元,发了2400万元。因为卖的价格非常便宜,很多人都来买福耀玻璃厂的股票。

曹德旺曾经描述过当时抢购福耀股票的盛况:"兴业银行买了200万,县里、市里、省里的一些部门领导、媒体人也都买了,单单各级机关的干部,就购买了几百万股。有一位福州大学的教授,听说福耀发行股票,召集全家人一起开了个严肃的家庭会,整整讨论一个晚上,讨论的主题只有一个:买不买?到了第二天,家人统一思想,用家中所有资金2万多元,买了1万多股福耀股票。"

因此，1600万股的股票，几乎瞬间被抢光。

原本以为一切都顺风顺水，谁知道，风波骤起。

股票倒是顺利发行出去了，但还上不了市，因为当时股票上市交易采取的是额度制，要由国家计委和证监会共同决定额度，再分配到各省、市、自治区和部委。这给曹德旺带来了一个大麻烦，因为福耀玻璃厂当初发行股票是福建省批的，不是国家批的，所以一时半会拿不到额度。

公司迟迟不上市，使得内部人心惶惶。渐渐地，关于福耀的流言蜚语就在社会上流传起来：福耀玻璃厂的股票上不了市，曹德旺没安好心，就是想圈了钱跑到国外去。

俗话说，"三人成虎"，一开始，很多人并不相信这个流言，可是传得多了，就有越来越多的人开始信了。那些持有福耀股票的人，尤其是各级政府里的官员们，纷纷给曹德旺打电话，问他福耀到底什么时候能上市，还有一些人，借口家里有事急需用钱，请曹德旺帮忙找买家，把他的股票转让出去。每次不等曹德旺回答，他们就用一种不由分说、你一定要帮我解决问题的口气说："谢谢你啊，曹总。"然后"啪"的一声挂了电话。

曹德旺到哪里去找这么多买家？那段时间，他每天愁容满面，绞尽脑汁思考如何解决这个问题。

思前想后，他决定自己把这些股票买下来！当时福耀股票私下里的交易价已经从发行时的每股1.5元涨到了2.5元，一下子拿出这么多钱，谈何容易！

无奈之下，曹德旺只好请自己的妹妹曹华帮忙筹钱，从外面高息借款，按照市价2.5元每股买回，不知不觉收了400万股。

这次筹钱，导致曹德旺欠了1000万元债务。这笔巨债，压得曹德旺喘不过气来。不过，尽管心里承受着巨大的压力，他每天却还像没事人一样，处理公司的事务，出席公众活动。真是人前风光百般好，人后辛酸谁知晓！

1992年的一天,他和当时的兴业银行行长喝酒,几杯下肚,正所谓"酒入愁肠",曹德旺忍不住哭了起来。

行长见状,惊讶不已,连忙问他遇到了什么难关。曹德旺用纸巾擦掉眼泪,把事情的来龙去脉讲了一遍。

行长听后,沉思了半天,给他出了一个主意:"您把您的法人股抵押给兴业,兴业贷款给您,这样利息就没有那么重了,您的压力也就小了很多。"

"谢谢行长!"对行长的雪中送炭,曹德旺感激不尽,他急忙举起手中的酒,"这一杯,我敬您。"说完,一饮而尽。

在兴业银行的帮助下,高利贷的压力减轻了很多,曹德旺暂时松了一口气,终于可以轻装上阵,把全部精力投入到上市的筹备工作中了。

从发行股票一抢而空到被逼借高利贷回收股票,曹德旺的经历可谓跌宕起伏。但他却说:

> "什么是生活?生活就好像开车一样,有上坡,有下坡,有平路,有挫折就有成功,把它解决掉就很开心,就这么简单。"

曹德旺就是这样豁达。他身上有一种傲视一切困难的勇气,这份勇气来自于沉浮洗练过的人生经历。

被"逼"成富豪

所有吃过的亏,最后都会变成福报。

历经波折,1993 年,曹德旺终于拿到了上市的批文。这一年 6 月 10 日,福耀玻璃成功上市,上市第一天,开盘价 44.44 元,最高到 44.60 元,收盘 40.05 元,创下了福建首批上市公司股票的天价。

福耀 1990 年时的净资产是 6127.5 万元,按一股 1.5 元算分成 4085 万股。上市之后股东们都高兴得不得了——才三年的时间,当初投入的钱就翻了不知道多少倍!

在福耀玻璃工业有限公司董事会第十二次会议上,董事们高度评价了曹德旺在上一届任期内所做的卓越贡献,一致同意继续委任他为公司的总经理。也是在这次会议上,董事们发现从 1987 年公司初创立至今,曹德旺仍每月只领 400 元的工资,鉴于曹德旺对各股东投资所作出的卓越贡献,董事们一致决定,将发行时的 4085 万股的零头,即 85 万股福耀股票,作为公司给予曹德旺的奖励。在闽发证券的建议下,这 85 万股在发行时就直接划拨到了曹德旺的个人名下。

公司上市之后,看着开盘价,曹德旺兴奋得简直要跳起来:这下子,他不但可以还清债务,还能有 2 亿元的进账!一夜之间,曹德旺就变成了亿万富翁!

难怪后来曹德旺曾经开玩笑说,自己这个富豪,是被"别人逼出来的"。

那些当初硬逼着曹德旺接盘的人，一定肠子都悔青了。有些人总是喜欢追求当下利益的最大化，不愿意承担任何风险，但是他们往往忘记了，放弃风险的同时，也意味着放弃了未来的可能性。

关于福耀上市，还有一个不得不提的小插曲。

在中国的传统文化中，凡是重要的大事，都要讲究数字的吉利，但福耀股票的开盘价为什么是 44.44 元？

原来，福耀玻璃上市之前，福建省的几个证券公司都派代表去了上海，曹德旺在上海锦江饭店办了一场宴席，隆重招待这些朋友。然而百密一疏，福耀玻璃驻上海的筹办人员不小心忘了请刚刚注册成立的一家证券公司在上海的办事处代表。

那天晚上，大家商量好了，第二天由兴业证券开盘，开盘价 38.88 元。但没想到的是，第二天上午 9:30 开盘的时候，那家证券公司为了报复曹德旺，竟然抢着开盘，并且开盘价是 44.44 元。

后来，曹德旺说："他是想用'死死死死'诅咒我们，可是，却又将福耀的股票价格往上拉了近 6 元 / 股。这真是运气来了，想挡都挡不住。"

他还感慨：

"做人应该厚道，有时因为妒忌与恨，想出怪招损人，不但不能如愿，甚至还可能帮助了对方。"[1]

曹德旺的父亲曾教育他："有福者，必须先有量，福是从气量中求。"曹德旺的祖母在佛前曾许愿："一许子孙逢赌必输，二许子孙有钱被别人借，被别人骗。"吃亏是福，是老辈人理解"善"的一种方式。

深受家庭熏陶的曹德旺，也把吃亏当成一种自我修炼。曹德旺从

---

[1]《曹德旺的长期主义》，李撒欢，豆瓣，2019.10.4

来不怕吃亏,很多时候,他不惜多花力气,多辛苦,不求回报,只为把事情做好,这让他每每获得别人的认可,也多了一些机遇。

晋商有一个传承数代的祖训,就是"学会吃亏"。精明的晋商走南闯北,见多识广,积累了很多有益的人生经验,"吃亏"就是其中一条。他们认为,学会"吃亏",才能获得更多的机会。因此,要用正确的态度来看待吃亏。不要因为吃亏就愤愤不平,也不要因为吃亏而伺机报复别人,以免冤冤相报,形成恶性循环。在他们看来,吃亏不但不是坏事,反而还是好事,因为吃亏的人可以从中吸取教训,也可以总结经验;吃亏是获得更大收益的前提,学会吃亏、主动吃亏可以为自己带来更多、更好的商机;吃亏有时也能帮助自己赢得别人的信任和认可,从而在生死攸关的时刻获得别人的帮助。因此,在利益面前,晋商通常表现得非常豁达,有十分的利只取四分,把其他的利主动让给合作者,从而形成互利双赢的格局。

曹德旺的肯吃亏,与此有异曲同工之妙。

短暂的多元化

曹德旺在创立福耀玻璃时，就以"为汽车玻璃专业供应商树立典范"为己任，立志为中国人做出属于自己的汽车玻璃。到1993年上市时，福耀玻璃已经成长为中国最大的汽车玻璃供应商。在福耀玻璃快速发展的过程中，曹德旺也面临过诱惑，经历了短暂的多元化。

1990年5月，《城镇国有土地使用权出让和转让暂行条例》的出台，为土地使用权有偿出让提供了具体依据，为建立可流转的房地产和房地产市场的形成奠定了基础。1991年11月23日，国务院发布《关于全面推进城镇住房制度改革的意见》，明确规定了房改的分阶段及总目标、基本原则、有关政策、工作部署、工作领导等，对房改的深化进行起到了重要的依据作用。1992年初，邓小平视察南方谈话，随后，中央向全国传达了《学习邓小平同志重要讲话的通知》，提出加快住房制度改革步伐。全国各地数千亿资金蜂拥扑向海口、广西北海等南方沿海城市。一时间，这些地区的房地产价格扶摇直上。这是中国改革开放之后有记录的第一次房地产热。

海南的房地产热，引发了全国的地产投资热潮，一时间，投资房地产成为一种新兴的产业方向。此时的福耀玻璃也开始了自己的多元化之路，1993年公司第一次用配股形式拿回来的巨额资金中，有2500万元是用于投资福清市的"福耀工业村"开发建设项目。

那时，无论是曹德旺，还是福耀员工，都一致认为福耀已经走过了几年光辉灿烂的历程,是时候步入一个新的征程,全力向集团化、多元化、国际化迈进了。

1991年福耀玻璃的招股说明书中,是这样描述福耀工业村的前景的:已着手筹建福耀工业区,计划在公司近旁征地800亩,连片开发,兴建标准厂房、商店、住宅楼房,形成高质量的汽车配件城。

根据当时制定的开发方案,在福耀工业村项目中,福耀玻璃占股51%,宏路镇以土地入股,联合福清市政府和当地农业银行占49%的股本。

一开始,看起来前景无限。正如曹德旺所说:"因为当地政府想让福耀帮助做好'西大门'(福耀工业村),我们也没有经验,认为拿了那么多钱回来大家一起合起来做也可以。而且那时候地价也便宜,一亩8000块,400亩地才花了300多万。想象得很美好,策划也搞得非常红火。"

不过,事情的发展却并不像设想的那么美好。

"做了以后就发现钱不够了,"这是曹德旺最大的感受,"做玻璃赚回来的钱还不够付那边的利息。工业村是福耀控股的,报表要并进来,企业一下子面临亏本。"

而且,福耀玻璃与工程的施工方还因工程质量问题产生了纠纷。据曹德旺回忆:"原定18个月完成整体工程,施工方做了近两年,才完成至地面二层裙楼工程。此时,我们发现,已浇筑好的地下室不仅到处呈蜂窝状,柱梁歪歪斜斜,而且漏水十分严重,施工期地下室整层蓄满了水。"[1]

福耀和施工方互相把对方告上法庭,开始了漫长的拉锯战,工业村项目也只能暂停。工程停滞的工业村,挤占了福耀大量的资金,福耀的资产负债率已经高达68%。

---

[1]《曹德旺:我敢做的你们都可以拍,都可以播!》,毕嫒嫒、余佩颖,每日经济新闻,2020.2

那段时间,曹德旺背负着巨大的压力:如果上市公司在他的手上倒掉了,他就成了蛀虫,会留下千古骂名!

他一直在冥思苦想,该如何解决这个问题。自己想不出什么办法,就四处找人请教。有位朋友给他介绍了香港交易所的梁总监,曹德旺便拿着福耀的财务报表,到香港请梁总监给福耀集团"把个脉"。

谁知道,梁总监看了福耀报表后,直截了当地说:"你这是垃圾股!"

曹德旺怎么也想不明白:好好的玻璃厂,怎么就成了"垃圾股"?

梁总监也不客气,坦率地说:"要是投资者喜欢玻璃就会投资玻璃,喜欢房地产就会投资房地产,可你们这家小小的公司,竟然又做玻璃,又做装修,又做房地产,谁敢买你们的股票?"[1]

梁总监的这番话让曹德旺的脸上青一阵红一阵,不过,他很快就调整好自己的心态,恭敬地请对方指点一二。

梁总监说:"一家公司只有专业化,才能写出好的招股书。您应该看看自己擅长做什么,其他的就重组掉。"

梁总监的话让曹德旺茅塞顿开。此后几十年来,福耀玻璃厂坚持"只做一片玻璃"的办厂理念,就在此刻生根发芽。

从香港回来之后,曹德旺便着手卖掉工业村。不过正所谓知易行难,重组工业村项目也面临着重重困难。

此时房地产局势已变。1993年至1994年,海南房地产泡沫破裂,房地产市场的悲观情绪在全国蔓延。此时的曹德旺已经找不到愿意接盘工业村的人了。雪上加霜的是,中央又出台了调控政策,明文规定银行不能够入股企业,工业村项目的股东之一农业银行提出退股。这可把曹德旺逼进了死胡同——工业村项目本来就做不下去了,亏损严重,怎么退股?

但他是个厚道人,宁肯自己吃亏,也不愿让银行犯难:"银行

---

[1] 曹德旺.《心若菩提》[M],北京:人民出版社,2014年

当初也是好心帮助我们,这个话不能讲的!我就说没有问题,转贷款,把那个钱转成提供给福耀的贷款。人家是债转股,我是股转债,银行照样收利息。"

曹德旺和县里商量,主动提出大股东要负责,"因为小股东是受难者,他们没有决策权,都是我们这帮人干的"。最终,曹德旺自己接过了工业村的烂摊子。他将自己的股权做抵押,借到钱后买下了福耀工业村。结果是,曹德旺本人背负了巨额债务,作为上市公司的福耀玻璃剥离了这块"有毒"资产。用这笔钱,福耀玻璃建起了第一座现代化的工厂——福建万达玻璃,曲折的资产重组总算画上了一个句号。

后来,在接受采访时,曹德旺颇为骄傲地说:

"请你记住它的核心思想,一是要尊重银行;二是大股东要承担决策责任,把那些错误的项目买下来,保护小股东的利益。现在这些房产都在我手上,前后花了3个亿,现在一年的租金大概就2000多万。当初如果都拿去买股票的话,现在值几十亿了。最值得我怀念的记忆的骄傲的就是这件事情,大股东必须负责。"[1]

现在回头看看,这是福耀玻璃唯一一次向房地产业务转型的尝试,它有着特定的历史背景:一方面,当时汽车玻璃的高利润已引得各路资本蜂拥而入,市场出现恶性竞争苗头;另一方面,海南房地产市场骤然升温,投资房地产成为巨大机遇。但错误的多元化,却将福耀玻璃拖入了亏损的泥潭。

1994年工业村项目清理重组完成后,福耀玻璃再也没有踏足过房地产行业。

---

[1]《曹德旺:现在我突然停下来,太浪费了》,财经网,2017.10

福特博物馆的启示

因为工业村项目的失败,曹德旺一度陷入迷茫,他一直在想:自己究竟该不该专心经营玻璃厂?是不是应该把福耀的副业剥离开来?专营玻璃又如何从当时的数千家玻璃厂中突围?这些问题不停地在他的脑海里盘旋。

恰巧在这个时候,他的一位朋友——台湾商人张天常,在了解到福耀玻璃面临的困境后,送给曹德旺一本书——全球知名营销大师艾·里斯的著作《聚焦》。艾·里斯在书中阐述了这样一个道理:为什么公司需要一个较窄的定位,使自己能够在消费者心目中抢占一定的市场?

在他看来,聚焦有着令人想象不到的力量:太阳光以每小时数以兆亿度的热量射向地球,但因为距离遥远,太阳辐射面太大太散,那么大的威力伤害不到我们。但是,如果有人用聚焦镜将阳光收集变成一束光,再将这个光束射向木头,光束所到之处便会燃烧。这,就是聚焦的力量。他还以王安电脑等诸多美国公司为案例进行了剖析,最后得出了一个结论:现代企业必须走专业化的道路,必须专业化的经营,才能做强,才能做大。

这本书给曹德旺带来了很大的启发:这个世界本身是很简单的,是因为人们的内心太复杂,太贪婪,太急于求成,把外在的世界变复杂了。其实,做减法比做加法更重要,知道自己不做什么比做什么更重要。无论是人,还是企业,想获得更大的成功,就必须找到焦点,集中自己的资源,专注、坚持,做到极致。

这让他看清楚了福耀玻璃亏损的本质,从而在心中产生了走专业化之路的想法。

同时期的一次美国之行,也让曹德旺更加坚定了这种想法。

在美国考察时,曹德旺到福特博物馆参观。福特博物馆有100多万件陈列品,2600万份文件,涉及交通工具、发电机械、日用工具、科学技术甚至家居摆设等多个方面。朋友告诉曹德旺,这里展出的其实是美国的整个工业史,是每一个来底特律的人必到之处。

但曹德旺却很焦虑,他在福特博物馆一边走马观花,一边恍恍惚惚,满心懊恼:"唉,几万美金,就这么白瞎了,全丢水里了。"

周围汽车厂林立,干净整洁得像个公园,可这些和自己又有什么关系呢?自己的生意在国内。汽车玻璃的生意都忙不过来,哪还有闲心看这些"乱七八糟"的东西。

曹德旺只想赶紧回国。

结束了福特博物馆之行,曹德旺急匆匆地来到机场,办完登机手续,他一直在机场里踱步,思考福耀未来的路到底应该怎么走。

等他上了飞机,倒时差睡不着觉,这才反应过来,美国之行其实没白来!

据他回忆,他当时的想法是:"美国是经济最发达的国家,我可以把美国当成一个标杆,丈量一下我们跟美国之间的差距。如果我们差美国100年,我们只要看100年前的美国在做什么,100年前的美国什么行业最发达最兴盛,而现在仍然还发展不错的,那就是身处现在中国的企业可以做的。"

想到这,他不由得懊悔起来:刚才在博物馆的时候为什么心不在焉?那里展出的正是美国的工业历史,要拿历史跟现实进行比对,还有什么比福特博物馆更好的坐标?

一个月后,曹德旺再次来到美国,这一次,他为参观福特博物馆而来。

在福特博物馆里，曹德旺一边认真观察展览品，一边陷入了沉思之中。

用福特汽车博物馆里的各项经济指标作为标尺来衡量中国经济，曹德旺发现，中国的社会经济发展与美国相差 100 年。1900 年美国农业人口的比例是 60%，跟中国 20 世纪 90 年代差不多。1884 年，道·琼斯指数开始反映美国股票市场的总体走向，《华尔街日报》有了关于股票的专业报道，如果用这些数据来衡量美国经济水平，中国跟美国的差距是非常大的。福特汽车博物馆里，最早的波音飞机就像蜻蜓一样，用板车的轮胎做起落架，而这距曹德旺到美国考察的 1992 年，才过去了几十年时间，一架波音飞机就可以坐几百人了。在芝加哥机场，飞机一架架起飞，时间间隔非常短。

当一个产业或者一种产品被认定之后，它的发展就是不可限量的。那么 100 年前，美国在转型时期做了哪些事呢？曹德旺在福特汽车博物馆里看到，传统工业是当时的排头兵，钢铁、PPG 玻璃、家电玻璃都是在这个时期涌现出来的，而且至今仍然没有过时。可见，经济转型期，需要传统工业提供建筑材料，那么对于福耀玻璃厂来说，做玻璃一定是一个明智的选择，因为在当时，中国的玻璃工业才刚起步，还有广阔的市场和巨大的潜力。

越看曹德旺心中就越坚定：他的判断是正确的！

"多元化是一个误区，一个人的经验有限，精力有限，资金能力有限，对企业管理的能力有限……多元化失败，其实就是不务正业。"[1]

在这之后，曹德旺卖掉房地产业务、卖掉加油站业务、卖掉装修

---

[1]《曹德旺的专注》，民生周刊，2015.9

公司，所得资金全部投入福建万达汽车玻璃有限公司的建设。从此，曹德旺从多元化回归专业化，专心致志地做玻璃。

有人曾问他为何能做到如此专注，而不去做金融和地产，不走多元化经营的道路？他的回答是坚决不考虑：

> "我认为那不是我的事情，他们说我很土，没有关系。他们说，互联网做P2P、做资金投融资平台，相信我可能会赚大钱。我说我不是为了钱，名声搞坏掉了，不要，坚决不做。"[1]

正是因为有"40年坚持只做一块玻璃"的专注和坚持，福耀玻璃才能一次次穿越经济周期，保持高成长，甚至在经济寒冬中也交出了一份满意的成绩单。

---

[1]《曹德旺：40多年专注做一块玻璃》，央视财经，2018.9

第七章

道义为重:"义胜欲,用正道战胜欲望"

　　君子处世,应像天宇运行不息一样,通过自我不断地力求进步,生命和事业才会永不停息;君子处世,应像大地容纳万物一样,通过不断地增强自我美德,才能达到承载万物万事的境界。

一生的"奇耻大辱"

20世纪90年代,随着改革开放步伐的加快,国内的投资环境出现了一个大趋势:国外企业纷纷到中国来投资建厂,或者合资做品牌,中外合资公司如雨后春笋般涌现。当时市场占有率很高的天府可乐和百事可乐合资了,通信行业知名的东方通信与摩托罗拉合资了,居化妆品行业之首的霞飞和上海家化合资了……

在《激荡三十年》一书中,财经作家吴晓波形容那个时代是一个"中外企业暧昧的年代"。

身处这样一个时代,曹德旺也看到了"暧昧"的好处:机制改革,资金输入,政策鼓励。更重要的是,他发现了福耀的瓶颈:"随着福耀越做越大,我深深感到,企业再次碰到一个发展瓶颈——管理难题,这时我开始思考怎样提高公司的整体管理水平,跳出乡镇企业思维局限,建立起一套现代化企业管理流程和先进机制。"

基于以上两点,1994年,当福建省政府办公厅给曹德旺打电话,希望他参与接待前来访问的法国圣戈班国际开发部副总裁皮尔·戴高一行,并向他们介绍全省汽车玻璃生产情况时,他兴高采烈地答应了。当时的圣戈班是全球汽车玻璃业的巨头,位列世界500强第205位。曹德旺怀着"取经"之心,希望能从圣戈班副总裁身上,学习一些宝贵的管理经验。

谁曾想,在交流的过程中,圣戈班的到访人员竟然对中国的汽车玻璃生产十分感兴趣,他们发现曹德旺对此非常了解后,就全都围着他,十几个人轮番向他发问,问题涉及生产技术、财务、管理、销售等各个方面。幸亏曹德旺在玻璃这一行摸爬滚打多年,对于汽车玻璃早已是无所不知,应对他们的问题,绰绰有余。

其实,当时的圣戈班正谋划大举进军中国市场,希望以合资方式实现中国之旅的"软着陆"。他们的行程表里,原本就有考察福耀玻璃厂这一项。只是,皮尔·戴高没想到,首次接洽就遇上了这样一个懂行的人,而这人恰巧就是福耀玻璃厂的创始人曹德旺。回到法国后,他建议集团与福耀玻璃就合资一事进行商谈。

圣戈班与福耀玻璃之间的谈判非常顺利,最终,圣戈班以1500万美元的价格收购了福耀玻璃42%的股权,并以1530万美元入股福耀下属合资子公司万达汽车玻璃,占万达公司51%的股权。

1996年春节后,圣戈班参与的董事会正式成立,他们没有因为自己是大股东而要求出任董事长,反而提出由福耀玻璃的董事长王宝光继续担任这一职务,而曹德旺则被聘为福耀总经理与万达公司董事长、总经理。对此,曹德旺非常满意:"从这些来看,他们对我是十分尊重的,在这里我也为中国赢回了一个从来没有的面子,即在与500强合资的企业中由中方主政。"

对于合资之后福耀的发展,曹德旺充满憧憬。在他看来,与圣戈班展开合作,可以使福耀玻璃借助其良好的全球销售网络和行销经验,扩张海外市场。

然而,渐渐地,曹德旺却发现,这一切不过是自己的一厢情愿。

两年下来,法方给了曹德旺最优越的待遇和尊重。"配好车,相当有排场。"但是,曹德旺慢慢地发现"不对头"。在与圣戈班合作的3年时间里,他作为管理者,向圣戈班报告的文件摞起来有50厘米高,但几乎每一份文件都如石沉大海,得不到回应,更没有一份文件获得批准。

曹德旺曾回忆:"过去3年,我放下自尊,每个报告与事项请示报告,都用中、英、法3种语言发传真给他们,但他们不表态,我从来都没有收到过回复。"

最初,在曹德旺的设想里,是希望通过合资来帮助福耀玻璃走出去,在世界上打出名声。但法方的不表态让他意识到,"他们只是把福耀当作了一个扩展他们公司销路的中国分公司,而并没有想把福耀办大办强"。[1]

愤怒不已的曹德旺做出了一个令人震惊的决定:辞去合资公司万达玻璃的一切职务,自己独资投资2亿元,建100万套夹层玻璃厂,公司取名绿榕玻璃。

他的这一举动,终于惊动了圣戈班的大老板。1999年4月,圣戈班的大老板爱申华亲自来到福州,在万达玻璃厂的会议室里召开了董事会。在这次会上,曹德旺出示了有他签字的近百份文件,件件都是请示汇报资料,没有一件得到解决。

谁知道,爱申华却说:"您虽然是公司的董事长,却不是大股东,只是小股东,按规定,在经营事务上,小股东应该服从大股东,如果您不服从,除非您将圣戈班股票回购,成为大股东,否则我们决定怎么做,就怎么做。"

他当然知道,曹德旺当时没那么多钱,说这番话,完全是一种要挟。但他不知道的是,未雨绸缪的曹德旺早就预料到收购的结局,提早到香港融资,把公司股票做抵押,从民间拿来了2000多万美金,用于购回法国人的4亿股股权。

因此,听了爱申华的话之后,曹德旺冷静地提出了一个建议:"您如果想退股卖股票,如果计入3年亏损,可能要损失30%左右。不如我来提一个条件,我愿意将您原来入股福耀与万达的资本金100%退回给您,不需要您承担3年亏损责任,也不支付任何利息给您,但您

---

[1]《曹德旺的"三大战役"》,张友红,《资治文摘(综合版)》,2011

必须答应我一个条件：保证5年之内，不以任何形式进入中国投资组建与福耀、万达同类的工厂。"

曹德旺的条件让爱申华非常意外，他没想到，曹德旺竟然会以这样优厚的价格来收购圣戈班的股权，当即站起来与曹德旺握手，表示同意以这样的条款成交。

最终，曹德旺拿出3000万美元，回购圣戈班持有的福耀股票，后来，曹德旺一直说，这是"一件很傻的事情"，但这也被他认为是"这辈子做得最骄傲的事情之一"，这样做不但捍卫了福耀的发展权和主动权，也维护了小股东的利益，更重要的是，福耀有胆量把它买回来，不仅是维护企业的信誉，也是维护中国人的信誉。

爱申华走了，脸上始终有一丝奇怪的笑。曹德旺说，"他们瞧不起我，认为他们走了，福耀也发展不起来"。

至此，圣戈班与福耀玻璃终于分道扬镳。经过三年的"同床异梦"，曹德旺终于明白：在全球有300余家合资公司的圣戈班，只是将福耀玻璃看作是其国际化进程中的一枚棋子；福耀玻璃想借助圣戈班成长为一家全球化的大公司——这一点，恰恰是圣戈班所不能容忍的。这是双方本质上的冲突，因为这个冲突，他们的合资，注定以失败而告终。

曹德旺一直认为，是时代和社会"厚报"了自己，因此他总是乐观地看问题。与法国人的合作也是这样，虽然结果是失败，但福耀也不是一无所获：福耀在管理和技术层面从圣戈班学到了很多，福耀的员工可以到法国的生产线上接受培训，万达玻璃的设计思路、生产流程、工艺线路很多都直接参考了圣戈班提供的蓝本，从原料进厂到产品出厂的所有岗位也都按照国际标准来设定，对福耀的建设和改造也是按照国际制造业先进的管理模式来进行的。通过三年的合作，福耀学会了怎样做一个典范的汽车玻璃供应商。

后来，曹德旺曾说：

"我直接为外国老板打了3年工，用3年的代价学会了怎样做一个典范的汽车玻璃供应商。这番心血没有白费。一个企业拥有一流的制造设备，这不算稀罕，因为谁有钱谁都可以去买回来，但要是能同时拥有一支训练有素的职工队伍和一套现代化科学管理体系，能够拿着你的产品到国际上去'叫板'，那才叫真正的水平。"

尽管如此，这件事依旧成了曹德旺心中的一个"结"，后来，他曾发下宏愿：

"这是我人生的奇耻大辱！我当时就发誓，把福耀发展好了，要把这4亿股票全捐出去。"

摆脱圣戈班之后，福耀玻璃反而恢复了元气，当年就实现利润7000余万元，之后利润连年快速增长。到2008年，福耀已经发展成为世界第二大汽车玻璃制造商，4亿股票的市场价值从2000万美元升值到10亿美元。还完了借来的钱，曹德旺决定兑现承诺，将这些股票捐给国家成立慈善基金会。

做出决定后，曹德旺专门前往法国圣戈班拜访圣戈班集团总裁爱申华，询问他们是否有意回购这些股票。爱申华得知回购福耀玻璃的股票需要8亿美元时，便主动放弃了。

"为什么您要把这些股票捐掉？"爱申华好奇地问。

"我一生都非常成功。在个人的声誉方面，"曹德旺诚恳地回答，"唯一一个不成功的案例就是与你们合资。我们分手了，谁来给我们之间的是非做裁决？因此，我认为与你们的合资是一个大失败，分手是我们企业家生涯的奇耻大辱。所以，我做出决定，将这批股票捐给中国政府，成立一个慈善基金会，一是向社会宣示我们过去争吵的事，不是我个人图财；二是作为第一代成长起来的中国企业家，也要学会与社会共享成功。"[1]

"曹先生,我们为您骄傲和自豪。"爱申华说,"为曾经有您这样的合作伙伴自豪。"

关于福耀玻璃与圣戈班的这场失败的合作,还有一个续曲:

2003年,圣戈班违背了当年与福耀玻璃签订的"5年内不以任何理由进入中国的市场,不涉足同类的公司"的协议,通过收购韩国的公司重新进入中国市场。当时,很多人建议曹德旺,应该向圣戈班提起诉讼。但曹德旺却云淡风轻地说:"算了,都是同行,没必要搞得这么僵。"

"天行健,君子以自强不息;地势坤,君子以厚德载物。"这是曹德旺一直信奉的《周易》中的一句名言,他说,君子处世,应像天宇运行不息一样,通过自我不断地力求进步,生命和事业才会永不停息;君子处世,应像大地容纳万物一样,通过不断地增强自我美德,才能达到承载万物万事的境界。

以德报怨,这就是曹德旺的"厚德载物"。

---

[1]曹德旺.《心若菩提》[M],北京:人民出版社,2014年

尊重供应商才能赢得供应商

1997年7月2日凌晨，泰国政府宣布放弃盯住美元的汇率政策，泰铢应声下跌，迅速贬值。一场金融风暴由此爆发，并以迅雷不及掩耳的速度蔓延到整个东南亚地区，此前被称为经济发展最健康、最迅速的东南亚迅速跌入经济低谷，许多国家和地区的汇市、股市轮番暴跌，金融系统乃至整个社会经济都受到了严重的创伤，很多公司都因此陷入了经营危机之中。

这年夏天，印尼ASAHI玻璃公司的日本总经理亲自来到福州，拜访曹德旺。原来，这场亚洲金融危机使印尼受到巨大冲击，ASAHI玻璃公司生产的浮法玻璃严重滞销，公司濒临倒闭。他们的日本总经理此行，正是为了向曹德旺求助。

为了表示对这家公司的重视，曹德旺在家中设宴，盛情招待了这位日本总经理。在饭桌上，日本总经理说出了公司面临的困难，希望曹德旺能帮他们一把。

曹德旺先给他倒一杯酒，表示对他的欢迎，并且遵循中国的传统，先干为敬。然后真诚地说道："这是应该的，所有人都有困难的时候，公司也是一样。企业之间帮来帮去是应该的。但我们也是小公司，用量也不大，每个月也就三五千吨，如果这样可以，我们每个月买你们4000吨玻璃，等于总用量的近90%都是从你们那里买。"那时，福耀玻璃厂的规模还不算大，玻璃的需求量也不多。

说完,他又为日本总经理斟了一杯酒:"至于价格,参考中国市场的现价,你看怎么样?"

曹德旺的话音刚落,日本总经理就"扑通"一声跪了下来,举起酒杯说:"曹总,感谢您。"

曹德旺赶紧把他扶起来,说:"这是我力所能及的事情,不必行这样的大礼!"

日本总经理叹了一口气,说:"我在印尼的仓库太小,再加上金融危机,玻璃不好卖,印尼湿度大,玻璃也不好存放,这一船货,如果你不要,我就只有炸掉了。你这样做,等于救了我们的命。"

送走了日本总经理后,曹德旺的下属不明白,问他说:"印尼受灾这么严重,老板跟他买那么多玻璃,为什么不同他商谈价格?"

"问得好。"曹德旺说,"我刚从印尼回来,他们的危机十分严重,远远超乎你们的想象。我们福耀现在用的浮法玻璃原片,自己无法生产,主要靠外购,这是我们的短板。一个健康的印尼ASAHI是我们所希望的。"

曹德旺继续说:

"你要记住,从产业链的理论上讲,上下游企业,是有买卖关系,但也是分工不同,绝对不是各自孤立的存在。要想让公司健康发展,不仅自己要做好,更需要我们的供应商发达。表面上我们是在帮别人,实际上也是在帮助我们自己。既然我们的定位是帮助,那就不用讨价还价。我相信日本人也是个聪明人,知道我的用意的。"

果然,1998年底,金融风暴终于平息,亚洲经济回暖,浮法玻璃原片又出现了像以前一样供不应求的现象,价格不断上涨,而且有时哪怕已经签订了合同也拿不到货。

但那段时间里,福耀每个月都能得到ASAHI至少一艘船的供货保障。而且，ASAHI不仅按时发货，还绝口不提涨价的事。

直到一年多之后，玻璃价格几乎翻了一倍，曹德旺才收到印尼ASAHI一份措辞谨慎的通知，信中只说道歉，不好意思要涨价。

曹德旺立马就答应了："早就该涨价了，真的很感谢！"

在后来几十年的发展之路上，福耀的上下游企业，甚至包括福特这样的巨头，都曾遭遇过很多危机。但曹德旺一直坚持一个原则：

> 产业链的上下游，都是一家人，只是不同的分工，谁也不要自毁长城，谁也不要见死不救。别人有困难，你理解并帮助，这不只是向别人伸出援手，也是给自己留一条后路。

遭遇"白眼狼"也无悔

曹德旺一生积德行善,却也遇到过以怨报德之人。

2000年12月,福耀销售部一位叫白丁贵的员工在宿舍里突然肚子疼痛难忍,送到医院后,被诊断为肝癌晚期。医生说不用治了,没有希望了。有高管提出,给白丁贵几万块钱,让他的父亲来给他安排后事。

曹德旺听说后,马上制止他们:"不能这样做!他才20几岁,要不惜一切代价救治。年纪轻轻的,我们怎么能看着他躺在床上等死?一定要全力救治!"

在这之后,曹德旺又指示相关的人员为白丁贵安排转院到福建省肿瘤医院,并一再叮嘱:"只要能救好他,花多少钱都行!"紧接着,他还让财务打了10万块钱到福建省肿瘤医院的账户。

白丁贵的家远在龙岩农村,等到他住院之后,他的父亲才风尘仆仆地赶到了福州。当天上午,他就来到福耀玻璃厂,拜访曹德旺。在听说公司会承担白丁贵的一切治疗费用后,那位父亲扑通一声跪倒在地,连连道谢:"我的孩子真是有幸,遇到了您这样的贵人。您的大恩大德,我们全家没齿难忘。"

他还喃喃道:"我从老家走的时候,村里人都说,孩子得了这种病,老板是不会管的,因为您是私人企业。所以我特意请了村里的干部跟我一起来,打算让他们帮我跟你交涉,没想到……"话没说完,他就哽咽着说不下去了。

曹德旺赶紧上前一步,把白丁贵的父亲扶了起来,对他说:"没什么,我也是一个父亲。我非常理解您现在的心情,能做的我都会做。"

白丁贵住院期间,曹德旺多次询问他的病情,得知一切治疗正常进行,曹德旺便埋头于自己工作中。

一晃几个月过去了。曹德旺已经给医院账户打了差不多20万元了,然而,经过几个月的精心治疗,白丁贵的病情始终不见好转。

中秋节的前几天,医生告诉家属,白丁贵剩下的时间不多了。白丁贵的父亲提出,想为白丁贵办理出院手续,请公司派车送他们回龙岩家乡,一来白丁贵的母亲可以看看孩子,二来,人就是死也要死在家里。

听到汇报后,曹德旺深感惋惜。

一个多月后,白丁贵撒手人寰。当这一不幸的消息传来,曹德旺沉吟良久:"这是个大不幸,但我尽力了。"

原以为这件事就这样过去了,没想到的是,有天上午,办公室主任走进曹德旺的办公室,吞吞吐吐地说:"白丁贵的父亲带了一些人到公司来,已经来了几天,要我们给他一个说法,说他的孩子是死在我们公司的岗位上的。"

曹德旺马上让他把白丁贵的父亲带进来。

一进门,曹德旺就质问他:"您带那么多人到我们公司是想做什么?是要来闹事吗?听说您要我们公司给您一个说法,你到底要什么说法?你还记得几个月前您跪在这儿的时候是怎么说的吗?"

白丁贵的父亲沉默不语。

曹德旺继续说道:"你知道为了救你儿子我花了多少钱吗?你当初因为这个还感动地跪了下去。现在是秋天,你是农民,不好好在家秋收,跑到公司来做什么?您要是来打架,叫这几个人来有用么,我们公司的保安就有几十个。您要想跟我商谈,一个人来就好了,叫这么多人来想表达什么意思?你们到公司来还要我们招待你们,你们这个行为和强盗无异。我告诉你:现在是 9 点,你们 10 点前必须从公司撤出去。10 点若还没离开,我就叫保安来把你们的行李都搬出去。您要是觉得我这样做您不满意,可以去找我们福清市政府、市法院和市劳动局,如果不知道到哪里找,我可以派车送你们去。"[1]

白丁贵的父亲连连摆手:"曹总,我不是为了闹事,我想跟您商量,能不能让丁贵的弟弟顶替他哥哥在这里上班?"

曹德旺一口回绝了。

"施恩图报非君子",这是曹德旺说得最多的一句话。他认为,做善事是受惠者有这样的危困,自己才有机会帮助别人,反倒是对方给予自己的恩惠。虽然有时也会遇上不懂感恩的"白眼狼",他却始终初心不改,无怨无悔。

---

[1]曹德旺.《心若菩提》[M],北京:人民出版社,2014 年

奋进中扩张

2000年，随着中国汽车工业发展的各种利好政策的相继出台，中国汽车工业的大发展时代轰轰烈烈地拉开了帷幕。

曹德旺相信，借着这股东风，未来，中国的汽车工业一定会实现飞跃发展。摸准市场脉搏的曹德旺，开始布局起福耀玻璃的未来版图：福耀的下一个工厂要建在哪儿？

起初，曹德旺在北京、上海、广州、重庆等几座大城市徘徊，正在他犹豫时，长春市委书记的到访，让他发现了一片适合投资的新天地——长春。

2000年9月6日，福建厦门举行第二届"98国际贸易洽谈会"，长春市委书记前来参会，然后转道到福耀玻璃考察。当时，福耀玻璃已经是中国第一汽车集团的主要供货商，长春市委书记因此了解到这家公司，参观之后，长春市委书记对福耀玻璃的生产与管理水平赞不绝口，盛情邀请曹德旺到长春投资建厂。

正愁不知到何处拓展疆域的曹德旺顿时眼前一亮："包装和运输，占生产成本的20%左右。如果与汽车厂毗邻而居，福耀将大大节约生产成本，同时又能及时地为汽车厂提供高质量的玻璃。"

一举两得，何乐而不为？他当即便答应，过段时间到长春进行实地考察。

2000年10月4日，曹德旺如期到达长春。市长亲自陪同他在几个目标地块考察,曹德旺最终选中了经济开发区的一块地。曹德旺一向雷厉风行,这次也不例外,他马上向市长提出,希望能尽快动工。

市长面露难色:"这块地已经收储好,你要动工没问题。但是这里一到冬天,大概11月20日后,就成了冻土,根本没办法施工。"

这可难不倒曹德旺。他的团队,很快就让长春人见识了什么是"福耀速度"。

曹德旺10月4日到长春,10月6日就选好了地块,10月10日工程队就已经破土动工。他让工程队的工人们三班倒,昼夜不停地施工,最终,原本需要3到4个月才能完成的基础工程,福耀只用了短短50天就建成了。

后来,一提起这件事,曹德旺总是无限感慨:

"这速度是怎么创出来的?严寒的冬天,一群南方人,没有宿舍,没有暖气,没有平坦宽阔的水泥路,没有出租车,没有工作餐。一块木板搭起一张饭桌,小商小贩送来的饭菜,3元一份,你一盒我一盒,老总、经理、员工挤挤挨挨在长条桌前坐着,三扒两扒,快速吃完。什么时候设备到公司,卸货、安装就开始。我们都知道,严寒的冬季,北方人基本是"藏"的。但那一个冬季,福耀的南方人,硬是顶着刺骨的寒风,在冻土上作业,从冬到春,他们的工作作风感动了当地政府:'原来你们南方人是这样干活的!'"

经过曹德旺和福耀人艰苦卓绝的努力,新工厂拔地而起,一期建设规模为年产60万套汽车玻璃和5万片大巴前挡玻璃。也正是从这座工厂开始,福耀公司有了自己制造的汽车玻璃生产设备。在这之后,福耀玻璃的每一个新工厂,都尽可能采用自己制造的设备。正因为如此,福耀才能把一个个贴近客户的生产线,以最快的速度在全国复制。

长春公司刚刚投入生产,就大获"丰收"——东北、华北两个片区的汽车厂纷纷成为长春公司的客户,一汽大众、一汽轿车、一汽解放、沈阳华晨金杯、哈飞汽车、保定长城、郑州宇通、北京现代、天津一汽丰田等十几家客户的订单如雪片一样向长春公司飞来。

长春公司的迅猛发展让曹德旺高兴不已,也使他坚定了把工厂做大的决心。2002年4月,在对长春公司进行视察后,根据市场需求及当时工厂的生产状况,曹德旺做出了启动长春公司二期工程的决定。二期建成后,长春公司的产能又翻了好几倍,达到了年产300万辆轿车玻璃、5万片大巴玻璃及30万片货车挡风玻璃的生产规模。

有了长春公司的探索与实践,福耀玻璃的扩张步伐继续加速,上海、重庆、北京、湖北、广州、郑州……先后有了福耀玻璃的踪影。

有一天,曹德旺正在办公室里忙着上海公司的筹建,重庆万盛区的一个副区长和重庆万安玻璃厂厂长前来拜访,一进门,他们就开门见山地表明了来意:万安玻璃厂是长安汽车厂的服务商,在西南地区已经有了一定的市场,为了将它发展得更好,他们希望福耀能收购万安,哪怕是入股也行。

曹德旺欣然应允。

半个月后,曹德旺来到重庆,对万安玻璃厂进行考察。他发现,万安玻璃厂的规模与早期的高山玻璃厂差不多,如果只买这座工厂是没有价值的,所幸在它旁边还有一块100亩左右的农田。

当天下午,曹德旺和重庆的相关人员就开始讨论收购事宜,最终决定以合资的方式将企业落户万盛,并签订了两份合同,一份是参股万安玻璃厂75%股权,第二份是向重庆万盛区征地100亩。

收购万安玻璃厂一事,就这样尘埃落定。

此时,重庆十八冶玻璃厂厂长和党委书记得知曹德旺与万安玻璃厂合作一事后,马上找到曹德旺,希望也能与福耀合作。这可给曹德旺出了一个难题:收购万安玻璃厂后,福耀已经不可能在重庆收购其他玻璃厂了。

深思熟虑之后,曹德旺提出了一个建议:由他个人出钱将十八冶玻璃厂买下然后拆除，十八冶玻璃厂的工人到万安玻璃厂上班。这对曹德旺来说其实算不上一件有益的事，他这样做，完全是从十八冶玻璃厂的角度出发，正如他对十八冶玻璃厂的厂长所说的："万盛的玻璃厂按福耀的思路建厂后，你们肯定不是我们的对手，没几天就倒掉了。你们辛辛苦苦的钱没了，要骂我的。考虑到你们工人的辛苦钱，不会因为我的到来而受损，我可以用一个合理的价格买下你们的工厂。"

十八冶玻璃厂厂长最终同意了他的方案，回去之后，很快就安排了相关事宜：原十八冶玻璃厂的工人，凡是愿意去万盛上班的，就安排进万盛，如果谁不愿意去，就拿回当年集资的钱和转业安置费用，离开工厂。

就这样，福耀玻璃一直步履不停，在奋进中不断扩张。到目前为止，曹德旺已经在中国16个省市及美国、俄罗斯、德国、日本、韩国等9个国家和地区建立了17个汽车玻璃生产基地、6个浮法玻璃生产基地和4个玻璃设计中心，向69个国家出口产品。

第八章

绝不妥协："就是倾家荡产，我也要跟他干"

卖不卖玻璃是小事，但绝对不能黑白颠倒、事实不分、被人弱肉强食。必须要主动地出来积极应诉。同时在这件事情上我们是否应诉不仅代表自己、代表企业、代表一个行业，更代表了国家。

突如其来的反倾销案

2001年12月11日,经过漫长而艰辛的历程,中国终于正式加入WTO。这标志着,中国的产业对外开放进入了一个全新的阶段。不过,自从加入WTO以来,世界各国也对中国掀起了此起彼伏的反倾销浪潮。

中国是制造业大国,随着我国外贸出口的迅猛增长,对进口国的相似产业造成了极大的影响。因为我国产品具有劳动力和原材料的优势,在竞争中往往处于明显的有利地位,所以,一些经营情况差的当地产业纷纷提起反倾销申请,希望借助这种手段将我国产品挤出本国市场。入世之后,我国企业遭受反倾销的诉讼不断:彩电、大蒜、鞋帽、苹果汁、化工产品……涉及出口产品的方方面面。至今,中国企业被反倾销案件数量也排世界第一,占到了全球总数的1/4。

这种别有用心的反倾销给我国企业带来了巨大的损失,导致一些颇具国际竞争力的产品惨遭驱逐,很多拳头产品被封锁在进口国市场之外。不仅如此,大量产品屡屡遭受反倾销调查,也严重挫伤了国外企业对中国投资的积极性。对中国产品的大量反倾销,成为我国出口业发展的"拦路虎"。

愈演愈烈的反倾销调查,向中国企业亮起了警示灯:要想进军国际市场并在激烈的市场竞争中占有一席之地,必须跨越反倾销这道"坎"。

然而，21世纪初期，面对反倾销，中国的大多数企业往往不会选择积极应诉。有的企业是因为无力支付高昂的律师费，有的企业则是因为不重视受到反倾销调查的市场；也有的企业希望借助其他企业的应诉保住自己的出口市场，坐享其成。凡此种种，导致很多反倾销案件任由他国裁定，最终的结果是中国企业不仅被征收了高额反倾销税，还痛失了市场。

但也有人勇敢应诉，并且不胜诉决不罢休，他就是曹德旺。中国反倾销胜诉，可以说是从曹德旺开始的。

2001年，一些中国同行看到福耀在美国取得的辉煌成绩，也纷纷进军美国市场，中国玻璃在海外价格越来越低。于是，美国PPG联合其他两家美国玻璃公司，于2001年2月向美国商务部起诉中国的玻璃倾销。

面对这场突如其来的反倾销案，曹德旺非常震惊。

他马上通知福耀玻璃各部门经理及集团高管开会，研究应对方案。

在会上，高管们分成两个阵营，交锋激烈。

一个阵营认为，应该像其他企业一样不应诉。原因在于，现在福耀玻璃的产品在中国处于供不应求的状态，同时内销利润比外销高。如果放弃应诉，产品转向内销，不但能节省打官司所带来的巨大经济成本，不必承担胜负未卜的风险，还有利于在内部发力将国内竞争对手彻底打败。

另一个阵营则坚持积极应诉。认为如果放弃应诉，就等于放弃了美国市场乃至整个国际市场。因为不应诉就等于变相承认了倾销，以后任何时候这个问题都会成为福耀玻璃的污点，其他国家也会因此而拒绝福耀的产品。而且，退出国际市场，意味着最终也要退出中国市场。因为汽车行业的全球化要求高于其他行业，福耀玻璃的客户主要是全球八大汽车厂，他们实行的采购策略是全球策略。

听着大家的激烈争论，曹德旺的心中早已有了判断，后来他说：

"卖不卖玻璃是小事，但绝对不能黑白颠倒、事实不分、被人弱肉强食。必须主动出来积极应诉。同时在这件事情上我们是否应诉不仅代表自己、代表企业、代表一个行业，更代表了国家。"

他还说：

"福耀玻璃在中国玻璃产业中是全行业出口最多的。如果这件事我们不出来讲，政府受其身份限制也是不能出来说话的。如果我们的案子不诉而败形成判例，吃亏的就有可能是整个中国玻璃行业。所以于公于私我们都要出来应诉。另外，像美国诉我们一案是在证据非常不充分甚至没有的情况下提出的。这里面更深层次的问题就是对我们的羞辱。明明知道不是这回事，却一定要告你，非常让人生气。当一个人的尊严和利益都面临损害时，拿起法律的武器来自卫是最起码的。"[1]

因此，曹德旺做出了一个特立独行的决定：应诉！并且要组织最强力量来保证打赢这个官司！

---

[1]《专访中国入世后反倾销胜诉第一人曹德旺》，独孤秋秋，新浪观察，2003.10.29

福耀赢了！

30多年在商海里摸爬滚打的经历，让曹德旺明白，要想打赢这场反倾销案，不能单枪匹马逞匹夫之勇。

他随即在福耀玻璃厂成立了一个反倾销领导小组，自任小组长，任命曹晖与黄中胜任副组长。曹晖在美国进行一线操作，负责聘请美国最好的反倾销律师，黄中胜则负责在国内搜集应诉材料，作为后援机构支持美国应诉。除了反倾销案的直接参与者，福耀集团的其他部门也必须无条件配合并接受黄中胜领导，根据需要提供各种有力的支持。

2001年3月20日，曹晖在美国聘请了美国GDLSK律师事务所最有经验的反倾销律师，一场你死我活的反倾销官司正式拉开帷幕。

原本，曹德旺认为美国是市场经济国家，在平时的贸易活动中也一贯推行WTO的"公平、公开、公正"原则，同时它还是一个老牌的宪制国家，因此，肯定会维护公平的裁判。然而，第一轮应诉结束之后，他才发现，自己实在是太天真了，打反倾销官司根本不像他设想的那么简单。一旦进入诉讼阶段，美国方面就会对福耀开征高额税金，在漫长的诉讼阶段，巨额的税金就能把福耀拖垮。

事实果然如他所料。2001年4月，美国国际贸易委员会根据美国1930年关税法，在对被控产品进行倾销调查的基础上，初步裁决，从中国出口的ARG挡风玻璃在美国低于公平价值销售，对美国的产业造成了实质损害。2001年9月19日,美国商务部初步裁决,认定原产于中国的ARG挡风玻璃正在或将要以低于公平价值的价格在美国市场上销售,信义集团(玻璃)有限公司被裁定0.05%的倾销税率,福耀玻璃等5家中国企业及加拿大TCGI被裁定9.79%的倾销税率,其余未应诉的企业倾销税率高达124.50%。2001年9月21日,应利益关系方要求,美国商务部对初裁进行修订,福耀玻璃的倾销税率降到3.04%。

虽然在福耀玻璃的努力下,美国商务部裁定的倾销税率一降再降,但曹德旺并没有妥协,他继续申诉,并继续提供相应的材料。

为了打赢这场攻坚战,曹德旺还以个人名义,在北京赞助对外经济贸易大学成立的福耀反倾销研究中心,曹德旺亲自担任理事长。他希望这个研究中心能全面收集中国主要贸易伙伴的反倾销法律、法规和相关文件,深入研究有关典型案例,为政府和企业提供咨询服务,召开国际研讨会,培训反倾销方面的高级专门人才,为像福耀玻璃这样的中国企业打赢反倾销官司提供助力,为"中国制造"解除扼喉之痛。

在打官司的同时,福耀玻璃还以美国商务部裁决不公为由,将美国商务部告上了联邦巡回法庭。他说:

> 他美国人拳头大,就可以欺负我?我就把事情捅大,让全世界来评评理!就是倾家荡产,我也跟他干!花再多的钱也不在乎,但中国人的骨气不能不在乎。打,一定要打赢!我们产品出口,意味着我带工人到国外打工,出口创汇的同时,还解决国内就业问题,这才是中国制造的重要意义。[1]

这次曹德旺把自己暴躁刚烈、宁折不弯的作风发挥到了极致,上

---

[1]《捐款112亿的中国大佬,并且说佛教是他的灵魂》,搜狐网,2019.1

演了他从商生涯中最气势磅礴的一幕。

在整个诉讼的过程中，曹德旺的思想也在发生着潜移默化的改变。最开始，他感受到的是歧视、委屈，随着诉讼进一步深入，曹德旺觉得，应该用一种理性的态度来对待这件不利的事。

他对此做出了详细的分析：

从数据来看，1989年到2003年，全球一共发生了3000多起反倾销案件，其中有30多个国家对中国提出500多起反倾销调查和涉及保障措施的诉讼。但曹德旺认为，这些数据并不能说明其他国家是在特别针对中国和中国企业。在国际贸易当中，每一个国家都有其普遍认同的保护壁垒。这种壁垒旨在保护进口国的相关企业或行业的利益不受侵害。在这个前提下，起诉方和应诉方都可以充分展示自己的证据，据理力争，维护自己的权益。也许其中的一些案例是存在歧视的，但这不意味着你被起诉了就一定存在歧视。只要你有充分的理由，就不怕被起诉，完全可以通过应诉来突围。即使有歧视行为存在，也只有通过积极应对来解决。

清楚这一点后，曹德旺逐渐从愤怒和委屈的情绪中走出来，心情越来越明朗，甚至有些暗暗的喜悦，"这是美国人把福耀当成真正的对手了"。

让曹德旺坚持不懈的另一个原因是，如果败诉，福耀玻璃就必须退出美国市场；反之，将预示着福耀玻璃在美国市场占有率的快速增长。

为了取得这场官司的胜利，福耀团队废寝忘食、艰苦奋战的情景也让曹德旺感动不已。曹德旺曾发出这样的感慨："在一个企业里最好当的就是总裁。"曹德旺说他每天晚上10点按时睡觉，而反倾销小组却没有白天没有黑夜，吃住都在办公室，不断奋战，几百公斤的应诉文件表格全靠他们熬夜完成。

通过一年半的努力，诉讼取得了初步胜利，2003年12月，美国国际贸易法院做出初步裁决，对福耀玻璃状告上诉书上9项主张中的

8 项予以赞同，同时发出命令书要求美国商务部重新审理此案。2004年10月，仲裁结果出炉：美国商务部以后对福耀玻璃仅征收0.13%的关税，预计可返还约400万美元税款。

福耀赢了！

这起诉讼，是中国加入世贸组织之后的第一起打赢反倾销诉讼的案例，轰动了全世界。曹德旺因此被称为"中国反倾销第一人"，可谓实至名归。

后来，当其他企业遭遇反倾销时，曹德旺都会建议他们应诉，他说：

> "反倾销不是简单的一种方式，它带有一定的政治色彩，我建议被诉的企业一定要去应诉，因为这是为自己企业负责，为国家负责，如果你不应诉，他判下去反倾销成立，你中国的产品不允许进来，丢掉的是这个问题。我当时为什么花那么大代价去跟他打？因为我认为我不能丢中国人的脸，我没有本事，我不能成为栋梁，但是我绝不危害到国家的利益，我舍得跟他继续打官司。那打官司有没有问题？没有问题。你现在还不知道我在美国，很多州的州长是我的朋友。"[1]

对于福耀的胜诉，曹德旺也进行过总结，在他看来，福耀赢得胜利主要得益于3点：

一是福耀玻璃制定的应对战略得当。从一开始，对方坚称福耀玻璃享受国家补贴，后来经过双方举证，福耀是民营企业，这就充分说明，对方坚持的出发点是错误的。

二是财务报表完整。曹德旺一直重视企业内部的ERP系统建设，正因为如此，所有的数据都清清楚楚地记录在公司内部的ERP系统上，

---

[1]《反倾销：曹德旺谈上亿美元打官司》，央视财经专访，2017.12.12

想做假都不行，这帮了曹德旺大忙。

三是策略有针对性。曹德旺的律师朋友支招，把对方3家公司中最有影响力的PPG拉出来，转变为合作伙伴，以此达到分化对方的目的。

在结束了与美国人的这场生死博弈之后，曹德旺对美国的思考不止于商业了，毕竟，在这里做生意，商业环境和国内有很大差别。这对福耀美国工厂的成功产生了巨大的影响。

胜诉之后，福耀与起诉它的PPG不但没有成为敌人，反而开展了密切的合作，给了福耀玻璃厂扩大美国市场的机会和信心。正如曹德旺所说，竞争对手成了大客户，"这两家后来自己关闭它的工厂以后，现在都是福耀给它供货，都是福耀的大客户"。

反倾销胜诉带来的不只是美国的市场，这场官司对福耀玻璃来说是一个千金难买的正面国际广告，为福耀攻下欧洲市场开辟出一条路径，福耀在日本、俄罗斯、澳洲的市场份额也迅速扩张至7%、10%、30%。

贸易市场的扩大是加法，资本市场的扩大则是乘法。反倾销胜诉为福耀玻璃带来了国际公司的待遇，在美国花旗银行、法国里昂银行、日本三菱银行，曹德旺都可以获得无须担保的贷款。在国内收紧银根的情况下，这对福耀来说无异于雪中送炭。

正因为如此，曹德旺说，要感谢这场官司，不仅让他代表中国在世界面前获得了尊严，也让企业获得了持续发展的平台。

破产重组救国企

从福耀玻璃成立以来，曹德旺就下定决心要"为中国人做一片属于自己的玻璃"，然而，在拥有浮法玻璃之前，这"一片玻璃"的原材料还掌握在别人手中，福耀玻璃所做的，只是汽车玻璃的后加工程序，这一片玻璃还未完全"属于自己"。

福耀玻璃的汽车玻璃原片材料主要通过国外进口以及国内采购两种途径获得，通常来说，玻璃原片占汽车玻璃生产成本的三分之一左右，不过，玻璃原片的运输费用、包装费用、尺寸不合导致的浪费及破损缺陷率却足占到玻璃采购成本的15%以上。不仅如此，国内汽车级别高端浮法玻璃的生产数量本身就很少，加之几家可以生产这类浮法玻璃的企业大部分自身就有汽车玻璃加工业务，因此，玻璃原片的获取对福耀玻璃来说并非易事。重要原材料受制于人，已经成了曹德旺的一块心病。

因此，一直以来，曹德旺都有一个心愿，那就是在汽车玻璃市场继续开拓，带领福耀玻璃进行上下游一体化的扩张，也就是把汽车玻璃的原片——浮法玻璃掌握在自己的手中。

2002年，一个好消息不期而至。

这一年秋天，曹德旺接到消息，吉林省政府协作办主任潘女士一行将到福建拜访。曹德旺顿时一头雾水，不知道对方所来为何。他赶紧联系福耀长春公司总经理何世猛，这才了解到，潘主任此行是为了吉林四平的双辽玻璃厂而来的，这是一家老国营企业，建于1948年，是中国浮法玻璃最早的生产基地，有一条浮法玻璃生产线，但由于经营不善，已经严重资不抵债，濒临破产。

曹德旺心知，双辽浮法合资事宜实在是太棘手了，因此，思前想后，他决定热情招待，但"不谈正事，能推即推"。

潘主任是一个干脆利落的人，与曹德旺见面后，她也不过多寒暄，开门见山地说："听说您在长春建的玻璃厂是做汽车玻璃的，专门为一汽配套。我想您的玻璃厂一定需要大量的浮法玻璃，刚好我们四平双辽出玻璃砂，有一个国营浮法玻璃厂，他们经营不好，如果您把它收购了，上下游一起做，成本立马下降，肯定会赚大钱。"[1]

曹德旺见潘主任如此直接，也就坦诚地说明了自己的态度："我做汽车玻璃用的原片玻璃，中国只有两家企业会生产，据我所知，双辽浮法玻璃厂用的是本地产硅砂，氟和铝含量均超标，使用的是国产技术，因此，玻璃原片只能用于建筑，其质量不能满足我们的要求。再者，我从未做过浮法玻璃，对这行业也不熟悉，可能会让您失望。"

潘主任笑了笑，说道："您以前也没做过汽车玻璃，现在也可以做得这么好。您有能力，有魄力。私人企业可以一个人讲了算，是可以做好的。"

说完，她热情地邀请曹德旺到吉林四平实地考察。曹德旺推辞不了，只得暂时答应下来。

潘主任是一个认真执着的人，从福建回去之后，她屡屡打电话给曹德旺，问他什么时候到四平来。曹德旺只好兑现自己的承诺，一个人飞往吉林进行考察。

为了给曹德旺接风，双辽市政府摆了满满一桌整猪宴。不过，宴席上，喜欢吃猪肉的曹德旺却无心吃饭，他的心思全在潘主任说的话

---

[1] 曹德旺.《心若菩提》[M]，北京：人民出版社，2014年

上。潘主任告诉他，为了表示对福耀的支持，双辽市政府将会以零资金的形式把整个双辽玻璃厂划拨给福耀。

曹德旺一听，连连摆手："如果零资金划拨，我万万不敢收。我是民营小企业，没有这个背景实力接受。如果你们不介意的话，可以把双辽玻璃厂上年度以及上个月的报表拿给我看一下，看完之后，我们再来讨论如何处理。"

午饭之后，曹德旺认真地看了双辽玻璃厂的报表，当天晚上，他向潘主任汇报，提出了自己的看法：走破产重组的道路，才能从根本上解决这家企业的问题。

潘主任疑惑不解，曹德旺一一给她分析破产重组的原因：

其一，根据双辽玻璃厂的报表，其他应付款项，欠职工工资达3000多万元人民币，还有职工集资5000多万元人民币；

其二，双辽玻璃厂是老厂，有工人2300多人，属于县集体编制，如果要重组企业，原业主需与工人谈判遣散安置问题，这在企业净值调查中，称为或有负债项；

其三，现在如果新建一条浮法线，投资额只要2.5亿至3亿之间，而根据报表，双辽玻璃厂的负债就有6亿。

因此，除了破产重组，双辽玻璃厂已经无路可走了。

他看潘主任很认真地听，顺着思路就破产的好处做进一步说明："走破产申请这条路，如果获得同意，原企业所有相关债权人，均需担责。而根据现在法律，破产清算所得工人优先，这可解决一大难题，其他债权人平分重组剩余价值。"

不过，曹德旺说的"破产重组"，潘主任还是第一次听说，虽然曹德旺已经详细给她分析了这样做的利弊，她一时间还是感觉难以接受。因此，曹德旺这次四平之行，双方并没有达成合作意向，尽管如此，曹德旺还是心满意足，在他看来，此行的任务已经圆满结束了。

曹德旺回到福州后，潘主任又先后几次前来拜访他，希望他能接手双辽玻璃厂。不过，因为种种原因，直到2003年4月，潘主任第五次来福建，双方才达成了合作意向：福耀长春公司在双辽注册一个分公司，用租借的方式接管双辽浮法，自2003年5月1日开始接管双辽玻璃厂，并承担盈亏责任。同时，原企业进入破产清算程序，职工遣散自接管日起执行。

2003年秋天，双辽法院判决同意双辽玻璃厂破产，并将债务举证完毕，福耀也如愿以1亿元人民币购得双辽玻璃厂的资产。从那之后，这家濒临绝境的老牌国企，走上了新生之路。

曹德旺与双辽玻璃厂之间的这场博弈，从2002年一直持续到2003年春天，最终，得到了一个共赢的结局。

> "做生意，一定要有信仰。要以人为本，尊重他人，所有自己的合作伙伴、客户以及员工，都要尊重、善待。做生意，既要讲'义'，也要讲'利'。'义'是要承担责任，把自己应该做的地方做到位；'利'是要让大家都得到利益，只有和别人共享共赢，才能把路越走越宽。"[1]

这就是曹德旺的生意经，或许，正是因为如此，他的路才越走越宽。

---

[1]《曹德旺：我的成功，有四个自信》，中国国家品牌网，2019.1.22

接下"烫手山芋"

曹德旺收购双辽玻璃厂的消息传出之后,距双辽不到 100 公里的内蒙古通辽市市长赶到机场把曹德旺拦了下来,希望福耀也把通辽玻璃厂收购了。

如双辽玻璃厂一样,通辽玻璃厂也是一家老牌国企,建有两条生产线,经营十分困难。听说了双辽玻璃厂因破产重组而起死回生的事情后,他们把曹德旺当成了救命稻草,希望他也能拯救陷入绝境之中的通辽玻璃厂。

曹德旺分析了这家工厂的情况,认为他们存在的问题与双辽玻璃厂差不多,也是高负债与人员严重超编。他原本不想再蹚这趟浑水,但时任通辽市市长的莫建成却一再坚持让曹德旺到通辽考察。

拗不过他的固执,2003 年 11 月,曹德旺带着几位得力下属一路舟车劳顿赶到通辽,对通辽玻璃厂的实际情况进行了实地考察。

至今,曹德旺仍对当时所看到的情景记忆犹新,在他的回忆中,当时的通辽玻璃厂实在是惨不忍睹:

"放眼望去,厂区内到处是垃圾。自己是做玻璃的,车间玻璃窗破了都没人拿一块玻璃更换,就那么让窗子破着,北风呼呼。采装现场杂乱无章,碎玻璃砸在地上东一堆,西一堆;整个车间则像采石场一样,烟雾弥漫,粉尘飞扬。为了保护眼睛和工作时不吸入太多的粉尘,车间内的工人都戴着口罩、眼镜;墙的一角,摆着大口的钢精锅,工人自带的午餐,是馍馍或窝窝头,炉边热热,就那么就着白开水咽下去;厂区内,卸油池污渍满地,重油管道锈渍斑斑,枯萎的杂草吞噬着厂区的土地,冬日里,显得更加的苍凉;拉着碱的汽车,一辆辆地停着,工厂用现金一车一车地现买现用,用的不是工业用的纯碱,而是家用洗衣粉的碱;再看窑炉,吃的是百分百炸碎了的玻璃。厂长介绍说,因为工厂已经没有钱再购买材料了,现在,只是在进行保窑式的生产。由于用量不足,窑炉已经烧坏了好几个洞……"

当时与他一同前去考察的所有人都不赞成收购,都认为不能花几个亿买个不值一钱的破烂。当天晚上,曹德旺考虑了许久,仍然下不了决心。

不料,第二天早上5点,莫建成市长就前来拜访曹德旺,一见面就问:"曹董,你们昨天开会研究得怎么样?"

市长秘书告诉曹德旺,市长很早就来到酒店了,怕影响他休息,就一直在外面等着。曹德旺一听,感动不已。要知道,当时正是冬天,天气很冷。

曹德旺一边给市长泡热茶暖身子,一边问他:"莫市长,工厂是国家的工厂,你当市长的怎么这么紧张呢?"

莫建成市长长长地叹了一口气,说道:"这家工厂可是有近2000名员工啊,如果倒闭了,这近2000名员工怎么办?他们到哪里找活路?还有投资的几个亿就没啦。"

看着市长如坐针毡的样子,曹德旺感慨不已,他当即决定与莫建成市长签合同,他说:"您是我见到的第一个这样为一家即将倒闭的企业着急、早来等几小时的市长。"

但现实问题也必须考虑,随即,曹德旺又向莫建成市长提出了两个条件:"现在还有很多事我没有办法做,您要帮忙。第一,要到冬季了,冬储的材料没有进来,如果我现在调材料来面临过年通道的问题;第二,火车站接收问题、卸货问题,这一大堆问题要请政府帮我们的忙。"

一听是这两个问题,市长像卸下了一个重重的包袱,说:"这是我们应该做的,我们政府会全部解决。"后来,曹德旺才知道,为了使通辽玻璃厂的原材料及时到位,通辽市停掉了其他物品的车皮,让给了福耀。而卸货的人工,则调动了大量的农民工,零下5度的日子里,碱都成了冰块,一锹下去,直冒火星儿。为保证他们的体能,工厂买了猪肉包子、馒头让他们吃饱。

市长走后,曹德旺马上召集随行人员,召开了一次内部会议。会上,他向大家宣布了收购通辽玻璃厂的决定。一时间,引来阵阵反对声,很多人认为这不是一个明智的选择,还有人认为曹德旺开出的3亿价码实在是太高了。

但在曹德旺看来,如果这次他不接下通辽玻璃厂这个"烫手山芋",它肯定会倒闭。从短期来看,福耀的一个竞争对手消失了。但从战略的角度上看,今天放弃,就意味着永远放弃。而今天买下来,将来就可以统一市场价格。

这番话,充分体现了曹德旺的大局观。为了让下属们更理解他的战略部署,曹德旺又继续解释道:

> "现在是他们最困难的时候,我们现在就是不付钱也可以拿下,至少他们不用每天赔八九十万元。可是要注意,现在他们是兵临城下。在他们最困难的时期,我们若敲他们的竹杠,日后,他们必定会报复的;反过来,如果现在我们拉他们一把,以后他们也会记住我们的仁义。再说,我们不买的话,别人也会买。即便他放水了,别人买过来只要再花1亿左右就可修起来。那么,万一通辽玻璃厂落到别人的手上,就可能成为我们的对手。通辽离我们的双辽就只有一百多公里,若跟我们捣蛋的话,我们麻烦

就大了。所以，我们一定要拿下来，以避免将来可能出现的恶性竞争。"

曹德旺说完，反对声全都消失得无影无踪。

收购双辽玻璃厂和通辽玻璃厂这两家国有老厂，可以被视为福耀的"战略性举措"，浮法玻璃在生产工艺上与普通玻璃相通，福耀可以通过收购了解上游生产并且积累经验。通过技术和管理改造，同样能产生很好的效益。

通过这两次收购，曹德旺也一举踏入了东北的玻璃市场，面对一片乱象，曹德旺展现了过人的商业智慧，让连年亏损的两个老玻璃厂扭亏为盈，创造了一个商业奇迹。

曹德旺一直认为：

> "企业家是社会中有智慧、有能力的一群人，现在必须要站出来承担更多的责任。"[1]

正因为他身上有如此厚重的责任感，在关乎国家利益和大众福祉的事情上，他毫不含糊。曹德旺的所作所为，可以被看作是对管理学大师德鲁克所提出的"企业家精神"的最好诠释。

---

[1]《曹德旺的责任》，胡媛，《商业价值》，2009.12

第九章

向死而生:"有危机感,才会立于不败之地"

当企业进入稳定发展阶段,一切看起来一帆风顺之时,恰恰是需要敲响警钟的时候。保持高度警惕,拥有危机意识,才能在快节奏的发展过程中跟上时代的步伐。

一叶知秋，预见金融危机

2008年，美国次贷危机愈演愈烈，最终演变成为一场汹涌的金融海啸，从美国扩展到全球，美国、日本、欧盟等主要发达经济体都陷入了衰退，全球经济面临20世纪30年代以来最严峻的挑战。

金融危机突然来袭，让无数企业身处寒冬之中，战战兢兢，更有一些企业因为无法抵御风险而倒闭、破产。然而，福耀玻璃在经济危机中不但屹立不倒，还始终保持高增长，它是怎么做到的？

其实，这一切都要归功于曹德旺的预见性。

早在2006年、2007年，曹德旺就敏锐地预见了金融危机的气息。

曹德旺曾说：

> "我始终认为作为一个优秀经营者，必须具备精确判断未来方向的智慧。我们的祖先告诉我们的办法即是观'天象'。这里的观'天象'不是仰望天空看星斗，而是指要注意观察自己周遭的情况，并搜集有效的数据信息，通过推演做出正确的判断，预测出未来的走向。"[1]

---

[1]《曹德旺：民营企业家很大的问题是德不配位》，第三届中国企业改革发展论坛，2019.11

正因为如此，曹德旺一直以来都有一个习惯：每天，在从福州家里到福清工厂上下班的路上，他都会听一听新闻广播，看一看各类报纸杂志。这些从各种途径中获取来的信息，虽然纷繁复杂，但经过收集、整合、消化，最终都会成为曹德旺观"天象"的依据。

2007年下半年的一天，曹德旺在新闻联播上看到了一条人民币利率变动的新闻，他一下子警觉起来，感觉"风向"有些不对。从这条新闻中，他捕捉到了一丝异样的气息——我国出口贸易与国外摩擦有加剧的迹象。

经过分析，曹德旺认为人民币升值已经不可避免。他有自己的分析思路："分析人民币升值还是不升值，首先要解决中国企业客观上存在的一个问题，即我们用汇的人跟创汇的人，是不同体制的。创汇多的人，多是民营中小企业，他们是生产服装鞋帽的人，还有稀土；用汇的人呢，多是国营大企业，像航空公司、石油公司等。人民币如果升值，利于进口，对用汇的人自然有更多的好处。同时，也更有利于国家对产业的调控，因此会更好经营。在这种态势下，中小微企业通过自己内部的挖潜改造，也能继续生存。基于此，我的结论是人民币会升值。"

这一时期，还发生了一件事：国家相继出台了劳保法、环保法、公路法等。这让曹德旺更加警醒起来。他深知，这些法律的出台是利国利民的好事，但不可避免的，这些法律的实施一定会对各行各业产生巨大的影响，而首先受到冲击的，便是那些外向型的中小微制造企业。再加上人民币升值的影响，中小微企业的寒冬很快就会到来。

为了验证自己的这一观点，曹德旺还到很多以出口为生的中小微企业进行调研，他发现，在当时，这些企业的税后利润大约在4%—5%左右。这时，曹德旺发挥自己的会计学专长，认真地算了一笔账：

如果人民币升值10%，对中小微企业的生产成本影响大约在5%；如果这些劳保法执行了，对中小微企业的生产成本影响也大约在5%（福耀公司的人工成本占生产成本的比例在7%-8%之间，而中小微企业人工成本，就占到生产成本的 15% 左右）；如果运输法执行了，每条公路都抓超载，运输成本的提高，无疑又将令他们的利润大大缩水。还有环境保护法的执行，又将增加企业在环保方面的投入。总而言之，方方面面的因素综合起来，给这些企业带来的成本增加，远远超过了他们税后利润水平。

答案在曹德旺的脑海中越来越清晰：寒冬马上就要到来，中小微企业很难撑下去。

那段时间，曹德旺正在广东增城建厂，这里汇聚了很多中小微企业。他去增城视察工地建设进度时，常会找当地的干部聊天，了解这一地区中小微企业的发展情况。他获取到的信息也支撑了他的结论：当地干部告诉他，几乎每天都会有企业消失。有的企业是一夜之间老板跑路了，还有些企业倒闭了政府都不知道。

一种危机感在曹德旺的心头骤然升起，他不禁"出了一身冷汗"。危机已经在悄无声息中逼近，福耀应该怎么应对？

几番冥思苦想、反复计算、缜密考虑后，曹德旺决定，要在福耀内部开展一场自救活动。立即行动，刻不容缓，要与危机进行赛跑！在他看来，危机将在未来 3 年内到来，如果总成本不降低 30%，企业就会倒闭，如果做到了，经历这次危机后，福耀就会成为一家伟大的公司。

2007 年中国汽车工业获得了空前发展，福耀赚得盆满钵满。所有人都认为这是福耀发展的好时代，因此，曹德旺的决断在集团上下引发了激烈的讨论，反对与批评之声不绝于耳。

但曹德旺坚信自己的判断是没错的，紧接着，他向全体员工发出危机警告，并出台 4 条措施：

第一，抓紧处理在建工程的扫尾工作，停止一切扩张性再投资，促进现金回流；

第二，全面清理应收账款，收窄销售信贷规模，严控风险；

第三，做好足够思想准备，必要时关闭低效益或亏损企业；

第四，在企业内部展开一场旨在提升产品质量、降低成本为目的的全员培训，推动精细管理。

回过头来看，曹德旺的这4条措施无不切中要害，极大地提高了福耀的抗风险能力。

2007年10月，为了进一步提高员工的危机意识，曹德旺还写了一篇名为《一叶知秋》的文章，发表在福耀的内部刊物《福耀人》上：

> 一早走出家门，就与秋风撞了个满怀。经过一夜的秋风，院子里昨日还一尘不染的小径上零乱地铺展着黄色的落叶。
>
> 虽然南方的四季没有北方来的分明，但一入秋天，满眼的金黄色还是让人充分地感受到了秋的到来。
>
> "落霞与孤鹜齐飞，秋水共长天一色。"春华秋实，对于辛勤耕耘者在企盼金秋丰收的同时，亦为冬的到来而忧伤。
>
> 今秋，连续数年的全球经济高增长以及中国十七大的胜利召开，全国GDP增长更有望超过10%。捷报频传，凯歌阵阵，但只要聚神倾听，亦不难听出凯歌声中的些许不和谐：
>
> ——中国经济疑似由偏快转向过热；
>
> ——美国次级按揭失控引发全球危机四伏；
>
> ——人民币不断升值；
>
> ——全球气候变暖引起的争议与整治。
>
> ……凡此种种，不一而足。
>
> 凯歌声中夹杂着的阵阵杂音，有如秋天的落叶，预言着冬天即将到来，预示着我们需要经受严寒的考验。
>
> 然而，寒冬、雪景、冰川，在给我们带来寒冷的同时，也净化了空气，灭除了害虫。人类呢，御冬除了增衣之外，亦可借此休整、进补，以备再战来春。而来春的花是否开得灿烂开得艳丽，就在于我们自身是否已知季节在更换，并做好了种种越冬的准备：
>
> ——全员培训，旨在建设一支高素质的职工队伍；

第九章 向死而生:"有危机感,才会立于不败之地"

——创新技术,改革流程;

——全面推动以提升质量为目的精细管理;

——积极开展反浪费、降成本活动。

这就是修身。"道虽迩,不行不至。事虽小,不为不成。"修身以利行。修身以秋实。

我们福耀人,在经历了这样的修身与进补后,也就真真正正地领悟了江山如此多娇,感受到春华、夏绿、秋实的真谛。

还有即将到来的冬天,依然美丽。[1]

后来有记者问他:"曹总,您是怎么预知到金融危机即将发生,经济的冬天即将来临?"

他在自传中做出了回答:

"任何事,有因就有果;看到了因,也就知道了果。关键在于我们能不能看到那些藏在各种果中的因。认真地观察,因,总是有蛛丝马迹可寻的。"

而关于如何渡过危机,他给出的答案是:

"能否渡过危机,与企业自身应对危机的能力有关。就看你能不能提前感知到趋势的变化,能不能制定应对的方法。"

其实,对于企业来说,危机应该是一种常态。尤其当企业进入稳定发展阶段,一切看起来一帆风顺之时,恰恰是需要敲响警钟的时候。

---

[1]《曹德旺:我没有政府背景,也没有什么爸爸背景,靠的就是自己》,王芳洁,《中国企业家》,2017.11

任何一家公司，无论成立时间长短、规模大小，保持高度警惕，拥有危机意识，才能在快节奏的发展过程中跟上时代的步伐。

危机意识是人类进步的原动力之一，在自然界和人类社会中，所有生物的生存过程都是时刻在防范危机，以及与危机进行斗争的过程。在市场经济条件下，企业更是如此。从表面上看，企业之间的竞争是优胜劣汰，然而，优劣之间是一个相互转换的动态过程，取决于那些掌握企业命运的企业家是否具有警觉危机的智慧、能力和意识。

若企业家能时刻保持危机意识，企业迎来的就是"生机"。若企业家丧失危机意识，企业就会面临"杀机"。

古语云："安而不忘危，存而不忘亡，治而不忘乱存。"企业家必须及时转变思维方式，居安思危，才能知危不危。须知，昨天的辉煌不一定会成为今天的资本，今天的赢家也未必就是明天市场角逐中的王者。而只有那些能警觉、能克服、能战胜危机的企业，才能发展壮大。

这一点，曹德旺做到了，也顺利成就了一家伟大的公司！

送股 22 亿壮士断腕

考验一位企业家是否具备管理智慧与经营能力的标准之一，就是在经济寒冬时，能否引领企业化危为机，走出困境，甚至逆势增长。在曹德旺的领导下，一场福耀历史上最严肃、最大规模的自救行动，正在紧锣密鼓地展开。

2008 年金融危机爆发后，福耀玻璃受到的最直接冲击是建筑用浮法玻璃价格大幅跳水，售价一下子暴跌到 1800 元 / 吨，几乎冲破成本价。

当时，除了曹德旺，几乎所有人都抱着一丝侥幸的心理，"说不定下半年就好了"。但曹德旺却兜头给他们泼了一盆冷水："没有下半年了，下半年的价格会更低！"

这个悲观的结论，基于曹德旺多年来对经济形势的规律总结。于是，曹德旺做出了至今仍让人敬佩的决策，在经济危机尚未凸显之际，果断关闭福清的一条浮法生产线，并在接下来的半年时间里接连关闭 3 条具有良好盈利能力的浮法生产线。

曹德旺的这一决定，令福耀上下一片哗然。管理层更是一致反对，他们希望在不关闭生产线的情况下，找到一个行之有效的解决方法。

一天上午，福耀的财务总监陈向明找到曹德旺："老板，您是否还记得 2006 年股改时的对赌条款？"

曹德旺当然记得。这个对赌条款规定了，大股东承诺股改后连续

3年,每年利润增长30%,如果不能实现,大股东每10股要追送1股。

"我们测算过了,如果关闭4条线,在今年搞减值准备,大股东要追送7000万股,按今天的市值,人民币有22亿元左右。"陈向明说,"今年如果不关停浮法,我们就不要提减值准备,稍微调整一下基本上就能安全地履行您的承诺。作为大股东,您可就保住了22亿元的资产。"

曹德旺沉思了一会儿,说道:

> "作为大股东,我首先考虑的是在什么时间点关闭这些工厂最符合公司的利益。保护大股东的利益,要建立在公司利益优先的基础上,必须要首先满足这个条件,也就是大股东应该要去履行他的承诺。这是人格问题。一个人若失去人格,永远也补不回来,那会终身抱憾。"

经过缜密的测算与反复研究,最后,在集团管理层的一片反对声中,曹德旺坚持做出关停的决定。

曹德旺之所以不顾众人反对坚持这样做,理由有三:

一是从企业利益层面考虑,准备关停无效益资产,最佳选择时机是企业效益好的时候。因为关停需要计提减值准备,企业利润好,减一半也无伤大雅,如果在企业遇到困难或亏损时再减值计提,就无异于雪上加霜,就有可能成为压倒骆驼的最后一根稻草。到那时,皮之不存,毛将焉附?

二是从国家形势看,中央政府一再强调要淘汰落后产能,企业要紧跟政府政策走,既然国家提出要关停,而且福耀也深知这些产能过剩,就应该积极响应。大家都不执行中央决定,国家的前途在哪里?

三是经过测算,全面完成股改承诺,第三年应完成利润的确差距不大,但也有3000万至5000万的差距。这一差距,在一个百亿营业额的企业里,运用技术手段,稍作调整,的确可以过关,如将应提折旧项目延后一些,将产成品从库存调入销售,将应收账款加大一些等,都可以解决。虽然这些可以做得毫无痕迹。但是,人在做,天在看。这些动作都是违背人格与道德的,一旦做了,将被刻在历史的耻辱柱上,永不能消除。作为董事长,曹德旺在职工面前的权威性必将大打折扣,最糟糕的还在后面,让这些纯洁的年轻人,亲自参与这样的"运作",亲眼目睹人性的贪婪,对他们的成长、对集团的永续经营,都是硬伤。[1]

这三条理由,是支撑曹德旺坚持"壮士断腕"决策的源动力。

2008年11月初,曹德旺乘飞机赶往东北,他此行的目的,是关闭双辽的建筑用浮法玻璃生产线。当时,双辽全资子公司的两条浮法玻璃生产线月盈利超过300万元。但是,曹德旺下定了决心,他到双辽的第一句话是,"我今天来就是来关线的!"

曹德旺说到做到,当天,那条仍在盈利的浮法线就关闭了,"眼下房地产行业状况只会越来越糟糕,关掉这条是为了保护另一条。"曹德旺给出了忍痛割爱的原因。

事实证明,11月正是玻璃价格下跌最快的时候,下半月的价格从1800元/吨跌到了1400元/吨。关闭后,双辽工厂仅库存就损失100多万元。然而,因为福耀作为行业老大的影响力,其他厂商在他们关线后纷纷跟进,全国关掉了40多条浮法线,总产量下降,福耀在东北的3条浮法线因此得以保全。

2008年底,福耀双辽工厂总经理被调到福耀海南工厂。他到海南之后,打电话向曹德旺汇报说,海南原来的生产成本为1400元/吨(东北用电,海南用天然气,因此成本更低),他可以把成本降到1200元/吨。"但是,市场价格已经跌到900元/吨。"

曹德旺的回答很简单:"关,马上关!"

---

[1] 曹德旺.《心若菩提》[M],北京:人民出版社,2014年

放下电话,他就召开内部会议讨论这件事。谁知道,连续讨论了7天都没通过。曹德旺生气了,拍着桌子吼道:"如若不关,损失更大,不管你们今天同意不同意,都要关!"

第二天,他就派了一位副总经理去海南做关厂准备。那位副总经理离开的第3天,曹德旺亲自奔赴海南。因为海南缺乏大型工业,福耀海南工厂两条浮法线都关掉需要省委批准。海南省委本打算拿财政收入补贴福耀,但曹德旺看淡房市,他觉得,"政府补贴不起,福耀也亏不起,不如现在先关掉"。

当时,福耀内部还有另外一个担心:一下子关掉4条浮法线,会不会引起股东担忧?

曹德旺的解释是,福耀总资产接近100亿元,关掉的4条浮法线仅占福耀总资产的10%左右,停产不代表全部报废。仅就海南而言,截至11月30日的流动资产合计2.82亿元,库存是1.56亿元,非流动资产是8.44亿元,可以收回4亿元左右的流动资金。固定资产虽然要计提损失,但算起来,停产的损失比边生产边亏损要小得多,而且规避了建筑玻璃会继续降价的风险。

关闭4条建筑浮法玻璃生产线,及时刹车,使福耀玻璃避免重蹈相关行业不景气的覆辙。面对危机,福耀决定出让海南两条玻璃生产线相关资产,回收资金,进一步集中资源,更加专注于汽车玻璃业务,并由此成功进行了产业结构优化。

对自己当时的这一举动,曹德旺后来做出了这样的评价:

"今天,在我回忆这一段历史,我依然为自己的举动而自豪——我没有向22亿元的巨额利益屈膝。这让我至今自豪无比。"

主动退回1000万补贴

2009年春节过后,经济形势依然很差,曹德旺下定决心,继续做"减法"。

这一年3月底,他决定关停通辽的两条浮法生产线。这个消息很快不胫而走,通辽政府得知之后,紧张不已。曹德旺到通辽的当天晚上,时任通辽市委书记的那顺孟和便请他共进晚餐,讨论关闭通辽生产线的事情。

曹德旺耐心地道出了自己的想法:按照福耀的经营原则,发生亏损并且经过调研在短时间内无法扭亏为盈的企业,就会被关掉。通辽玻璃厂已经连续好几个月处于亏损状态,经过福耀管理层的分析,短期内,这家企业是没有能力扭转亏损局面的,因此,他们才做出了关掉这两条生产线的决定。

曹德旺的这番话让那顺孟和书记心服口服,但他还是不死心,希望最后一搏,他向曹德旺提出:能否延迟一年关,一年后如还亏损就关掉。

曹德旺沉思了一会儿,问:"这一年的亏损通辽政府能否承担?"

那顺孟和书记一听这话,知道有戏,急忙问道:"大概多少钱?"

"不计投资者资产损失,直接亏损应在1500万至2000万之间。"

那顺孟和书记满口答应:"市里可以负责。"

那顺孟和书记没有食言,第二天,通辽市政府就拨付了1000万元给曹德旺,支付一季度的亏损。

这笔补贴,帮通辽玻璃厂成功渡过了难关。

2009年8月的一天,曹德旺在办公室里看财务部送来的报表,看到通辽公司截至7月31日,利润总计为4800万元(含市财政补贴的1000万元)。他当即拿起电话,告诉通辽玻璃厂的财务部,把市财政补贴的1000万元从利润科目移放到应付款科目内,并且叮嘱道:"我过去的时候,就要把钱退回市里。"

还钱?为什么?电话那端的人怎么也想不通。财政补贴的钱就是企业的,1000万,虽然不多,可也不少。但想不通归想不通,董事长的话他仍然坚决执行。

忙完手头的工作后,曹德旺亲自赶赴通辽。当天中午,通辽市长傅成钢请他吃饭,给他接风洗尘。

在饭桌上,曹德旺告诉傅市长一个好消息:因为得益于国家的救市政策,房地产商热情空前高涨,因此通辽玻璃厂不但扭转了亏损局面,还创造了令人意想不到的利润。这时,曹德旺道明了自己的来意:一是向傅市长表示感谢,因为受到通辽市政府的帮助,通辽玻璃厂才得以保留下来,二是把那1000万元的补贴退还给通辽市政府。

傅市长一听,惊讶不已,他连连表示,这笔钱不必归还,市里用的是工业扶持资金,原本就算是专款专用,通辽玻璃厂留下它,名正言顺。

但曹德旺仍然坚持退还给政府,他诚恳地说:"因为当时是我提出可能亏损,才得到的这笔扶持资金。现在通辽玻璃厂既然已经盈利,这笔款如果还留在我手上,以后与你们讲话就会被打折扣。"

"政府拨款资助企业,企业却坚持要退回。而且是民营企业,这事真不简单。"那书记知道这件事后,在通辽市经济工作会议上说,"我从大学毕业到政府当科员一直到现在当到书记,拨款无数笔,拨出去的款,从来没有人退回来的,但是曹德旺做了,这样的企业家、这样的民营企业,是值得我们学习的。"

回到福耀后，有人问他为什么还钱，曹德旺告诉他们："经商最重要的是经营信誉。如果一个人没有了信誉，就失去了生存价值。因为这笔钱是我错误地判断形势说会亏损他才给的，现在没有亏损按理应该归还。这样做，才会赢得他对你的尊敬。以后万一有困难人家也会理解并帮助你。这就是给自己留条后路。"

"做企业不仅要取信于客户，还要取信于政府和社会。"[1]

曹德旺认为，这么做本身就是企业在承担社会责任，企业没有钻空子，没有把企业利益建立于损害社会之上。而企业家的诚信本身也为企业收获了"财富"——来自客户、股东、政府甚至社会的信任，这种财富对于要基业长青的企业来说，无比重要。

---

[1]《曹德旺的责任》，胡媛，《商业价值》，2009.12

荣获安永全球企业家奖

2008年，福耀逆风上扬，这让曹德旺赢得了外界的诸多认可，就连素有企业界"奥斯卡"之称的安永企业家奖也把目光投向了这位中国企业家。

2008年初夏的一天，安永中国总裁吴继龙先生前来拜访曹德旺，邀请他参选安永企业家中国选区企业家奖。他详细地向曹德旺介绍了这个奖的前世与今生：

安永是国际4大会计师行之一，其核心价值观是严谨、独立、公开、公正、公平。为了弘扬、宣传这个企业文化，1986年安永便创办了安永企业家奖。这个奖项旨在表彰那些以超卓之远见、优异之领导才能和卓越之成就来激励他人的出色企业家们，历年来有很多全球知名企业家获此殊荣，比如戴尔计算机创始人迈克尔·戴尔、星巴克董事长霍华德·舒尔茨先生、eBay创始人彼埃尔·奥米迪亚，等等。现在安永企业家奖已经扩展到了50个国家、140个城市，被商界认为是全球最具影响力的国际商业奖项之一，足以媲美电影界的"奥斯卡"。

曹德旺向来对竞选排名这些虚名不太感兴趣，不过，出于礼貌，他还是认真地听着。两个人聊了一会儿，吴继龙又告诉他：

"安永在各国评选优秀企业家的原因是，安永认为'企业家是商业社会的支柱，他们开办企业，创造企业模式、就业机会、财富甚至是新的行业。纵观历史，企业家的努力改变了经济和社会面貌，而企业家们的成就更能鼓舞他人仿效及发挥他们的才能'。因此，安永企业家奖的获得者将成为安永企业家协会的会员，作为会员，将参加安永企业家协会每年举办的'安永企业家奖全球高峰会'，目的是让世界各地的顶尖智囊顾问、政策制定者、创新家及企业家，汇聚一堂，探讨如何实现高峰会的愿景，即企业家共同塑造一个更美好的世界。全球高峰会包括主题演说、演示会、专题讨论会及午餐会，并且包括由拥有实践经验的企业家和知名商业顾问，就当前最值得关注的投资热点所应采取的商业策略，提供远见、卓识及切实可行的意见……"

吴继龙的这番话与曹德旺一直以来对企业家的定位不谋而合，于是，曹德旺最终答应报名参选"安永中国企业奖"。

2008年10月31日，曹德旺如期来到上海参加竞选会，在上海浦东香格里拉酒店举行的颁奖晚宴上，曹德旺获得了安永企业家中国选区大奖。

安永中国主席兼首席合伙人孙德基为他颁奖，并对他做出了高度评价：

> "曹德旺的身上集中体现了真正杰出和成功企业家所具有的卓识、领导才能和果敢精神。他从众多来自中国大陆、香港和澳门地区的参选企业家中脱颖而出并获此殊荣。曹德旺真正体现了一位成功企业家的素质，这就是创造力、创新精神、激情及其所特有的推动变革的能力。除此之外，曹德旺还致力承担社会责任，使得许多人的生活大为改观，为建设更美好的社会做出贡献。他的成功为我们树立了一个典范，即具备真正的果敢和创新精神，加之不懈的努力，我们就能最终实现潜能。"

获得"安永中国企业奖"，就意味着拿到了参加"安永全球企业家奖"竞选的门票。原本，曹德旺答应代表中国企业家参加2009年5月于摩纳哥举办的全球企业家奖竞选大会。但随着时间的推移，他却打起了退堂鼓。

不过,在德国旅游时的一个小插曲,却改变了他的主意。

在德国时,他的一位朋友带着孩子请他吃饭,在饭桌上,她提到,她的孩子非常调皮,前不久还和同学打了一架,因为那个同学给他起了一个绰号叫"中国制造"。在德国,"中国制造"是贬义词之最,集中了粗制滥造、坑蒙拐骗、假冒伪劣等意思。

朋友的这番话让曹德旺如鲠在喉:中国只用了短短几十年的时间就发展成为制造业大国,成为人尽皆知的"世界工厂",这本应是一件令人开心的事,然而,"中国制造"在迅速发展的同时,却也逐渐显现出许多劣势。很多中国企业,明明知道自己的产品质量不高,却为了利益不惜以次充好。这样的产品销售到国外,给"中国制造"染上了许多污点,甚至使垃圾货、便宜货、问题商品、假冒伪劣产品成为"中国制造"的代名词。

后来,曹德旺曾痛心地感慨道:

> "很多时候,我们中国的很多人用自己看来高明的手法摘取不符合规则的果实,用一种冠冕堂皇的借口来为自己的行为辩解,殊不知,这种用'聪明'得来的短期效益,用'术'换取的一时安稳,其实是在自毁'中国制造'的长城。"[1]

正是因为这个小小的插曲,曹德旺决定如期参选安永全球企业家奖的评选,他要为中国企业家正名,要让世界看看什么是真正的"中国制造"。

经过激烈的角逐,安永全球企业家奖终于尘埃落定。2009年5月31日晚上,在地中海海滨一座奢华的大剧院顶层,安永全球主席宣布:

---

[1]《曹德旺:有什么心,过什么人生!》,中国文化慈善,2020.3

"2009年安永全球企业家大奖获得者：中国福耀玻璃工业集团董事长曹德旺先生。"

现场掌声如雷鸣般响了起来。曹德旺从全球参选的企业家中脱颖而出，一举拿下安永全球企业家奖这一最高荣誉。这也是安永全球企业家奖评选以来，华人企业家首次获得这一奖项。

安永企业家大奖独立评选团把这个大奖颁给曹德旺的理由是：

"他的成就远远超过汽车玻璃领域。福耀集团真正推动了中国汽车工业在海外的发展。他同时也为中国的公司治理开辟了先河，他不仅把福耀重组为福建省最早成立的股份有限公司之一，也是中国最早将独立董事引入董事会的企业之一。安永全球企业家大奖今年的竞争十分激烈，也正是因为上述因素使各位评委最终决定把奖项颁发给曹德旺。"

从主席的手中接过"安永全球企业奖"奖杯时，曹德旺激动万分，他高声说：

"我能在一群如此优秀的企业家中胜出，捧得安永企业家全球大奖是莫大的荣誉。这个荣誉不仅仅是我个人的，也是福耀10000名员工和中国的荣誉。"

凝眸回望，曹德旺在一次演讲中不无自豪地说道："在2009年，全球所有企业家争夺的这个奖项被我个人拿下了！"

第十章

顺势而为："改变自己，创造条件适应环境"

我弄不清楚自己到底是有功之人，还是有罪之人。在物质越来越好的同时，也破坏了环境，我更怀念那个虫鸣鸟叫的年代。虽然物质生活落后，但人们在生活中却充满了对于未来的希望。

进军俄罗斯

金融危机逐渐平息,很多企业未能撑过黎明前的黑暗,但福耀却化危为机,全球市场份额大幅度提升。此时,又一个机遇不期而至:德国大众汽车希望曹德旺到俄罗斯建厂,为他们在俄罗斯卡卢加州的汽车装配厂提供零件。

2010年12月,曹德旺前往俄罗斯卡卢加州考察,他发现这个州紧邻莫斯科,距克里姆林宫大约200公里,地理位置优越。原本是一个农业州,现在正在进行战略定位的重新规划,政府致力于将其建成美国底特律那样的汽车城,德国大众、法国雷诺、日本本田等几家汽车厂已经入驻建厂。综合各种条件来看,这里非常适合福耀玻璃建玻璃厂。福耀的玻璃厂作为配套卫星工厂对卡卢加州也有着重大的意义,所以,当地政府也非常希望福耀能落户卡卢加州,并将这个项目列为卡卢加州重点项目。双方可谓一拍即合,很快就达成了合作意向。

恰巧当时中俄首脑会谈在即,为了表示重视,俄罗斯方面特意安排在克里姆林宫签订协议。2011年6月15日下午,在中俄双方最高领导人的共同见证下,曹德旺在合同上郑重地签下了自己的名字。

不过,海外建厂并非易事。据曹德旺回忆,"因为俄罗斯是由计划经济转型的国家,整个体系都处在改革与建设中,没有成熟可操作的系统,同一件简单的事,在那边就会变得很复杂,特别对我们外国人而言。还好,我们很幸运,遇到了一大批好人,卡卢加州政府上至州长,下至各部门官员,都很支持,很配合,积极地帮助我们一起克服困难"。

经过18个月的筹建工作,2013年9月7日,福耀的卡卢加州工厂终于竣工。得知此事后,时任俄罗斯总理的梅德韦杰夫亲自发来贺电:

> "各位出席竣工庆典仪式的来宾,欢迎你们的到来。
> 你们所在的新工厂是福耀玻璃工业集团股份有限公司的投资项目,这家来自中国的企业目前为世界上几乎所有汽车制造商提供汽车玻璃。
> 这个总投资超过100亿卢布的项目不仅对卡卢加州非常重要,而且将惠泽全国汽车工业。福耀俄罗斯一期工程将提供超过300个工作岗位,未来,更有2000个工作岗位在规划中。福耀将为全国不同地区的汽车制造商生产符合国际质量和安全标准的产品。
> 我向你们表示衷心的祝贺,所有的参与者,包括设计和施工单位,以及今后将在此工作的员工们,愿你们的事业蒸蒸日上。
> 德米特里·梅德韦杰夫"

在竣工庆典上,还有一个值得一提的细节是,卡卢加州州长特意将俄罗斯一年一度的汽车论坛安排在这个新工厂内举行。很多知名企业家、经济学家、政府官员等,都前来参加论坛,并做了主旨演讲。

作为东道主,曹德旺被安排在最后做压轴发言,他的演讲非常精彩:

> "我对俄罗斯的崇拜、敬仰始于我的童年,那时候中国是由毛主席领导,中苏关系十分融洽,小学的教科书里有很多关于苏联的故事,包含着列宁、列夫托尔斯泰、米丘林、高尔基,等等,

我相信有几十个这样的人物、故事。在我成年的时候,中苏关系发生了变化,但我幼小心灵中留下的印象始终都在,为此萌发了有机会应该去苏联一趟,瞻仰下莫斯科红场和克里姆林宫的想法。

直到1997年,机会终于来了,应俄罗斯杜马邀请的中国福建省人大代表团之邀,参与该团出访俄罗斯,这是我第一次来到俄罗斯。这次访问我看了圣彼得堡、索契、莫斯科红场、莫斯科地铁、克里姆林宫等许多地方,给我留下的印象是俄罗斯真伟大,真富有,文化底蕴非常深厚。

此外,在这次考察访问后,还留下另一个印象,苏联1991年宣布解体,划分成独联体若干个国家。俄罗斯是其中一个,直接采取了休克疗法,一步到位。他将原来的计划经济彻底砸烂,直接进入市场经济,政治上采用西方体制直选总统。这个方法反映的不是一般的大胆或简单,而是一个国家对自己实力的自信。

也是在这次访问,我看到了莫斯科街上车辆稀少,而且多是破、旧车,物价昂贵,供应紧张,但是走在街上的俄罗斯人却平静自若。此时距1991年宣布解体已有7年,我认为俄罗斯这次变革会成功,虽然还有成山的大问题,但是您必须知道,这里发生的不是简单地将政府主管由任命制改为选举这么简单的事,而是在改变一个国家政制,一种文化,涉及政治文化、人文文化、商业文化、分配方式等各方面。这将使多少利益集团受到重创,要知道苏维埃经营了70多年,全国人民基本适应了旧体制,现在改起来,一切都得从头开始,在这种情况下能够做到这个水平,已经是十分了不起。此时我告诉同团其他代表,俄罗斯将会在21世纪成为全球最强大的国家之一。

自1997年开始,我几乎是每隔两三年会来俄罗斯一趟,每次都看到这里发生巨大变化,具体表现在莫斯科市容与物资供应上。2010年冬季,我又到俄罗斯,发现俄罗斯变了,洁净充满文化氛围的莫斯科,变得有点儿像中国北京。

莫斯科变成了大停车场，交通堵塞胜过北京，堪称世界一堵，马路上满满当当地停满了外国品牌的新车。我从酒店去机场，以前只有一个小时车程，这次走了 8 个小时，最后还是改坐地铁才赶上飞机。莫斯科像北京一样到处在盖房子，塔吊林立。

通过 20 多年时间密切盯着莫斯科的变化，我总结并得出结论，俄罗斯很快会成为全球第 3 大汽车生产国，理由是：

1. 俄罗斯国土面积远超美国，人口比美国少，这造成生活与工作等需要交通工具，最理想的选择是汽车。现在汽车总量上不去主要问题有两点：一是路不通，二是老百姓购买力不足。

2. 莫斯科堵车原因不是城市规划出问题，您得佩服俄罗斯人的智慧，他们在一百多年前修的路，都比我们北京现在的宽，城市建筑物庄严大方、漂亮和谐，无可挑剔。造成堵车的根本原因，主要是由于中央集权过度集中，各路利益集团全部挤入莫斯科，志在逐利，因此莫斯科越建越堵，想拓宽公路又舍不得破坏文物，我认为最有效的解决办法要从两个方面着手：一是改革并分散中央集权；二是将中央政府迁出莫斯科。

3. 莫斯科严重堵塞已严重伤害了主流社会与各界精英的利益，他们感到无奈与烦躁，都在积极寻找解决办法，但均苦于无良策，都认为这需要大量资金，所以供不起。而我不这样认为，我对俄罗斯的评论是，它已是全世界最富有的国家，不论是土地、淡水、矿产、能源还是人力等资源方面，都是全球首屈一指，是一个坐在金山上的"穷人"，拎着一大箩筐金子满街叫穷。这主要是分配制度还未完善、市场体制还未成熟所造成。我也认为聪明的俄罗斯人会很快解决这个问题，值得关注的是，解决堵车问题最迫切的人群是各界精英，因为他们现在被堵得难受，而主宰俄罗斯命运的正是这一群人。

4. 经过 20 多年的改革，俄政府已将土地分给农民，不管选择何种手法解决堵车，都离不开修路，而修路就得向农民买地、买砂石等材料,现在农民就坐等你去找他了。修路会让农民富裕起来,到时他们手中有钱了,路也通了,大家也想享受了,同时宪法又没有规定农民不能买车……到这时,俄罗斯的汽车就会走向普及,一亿多人口,人均一辆车基本没问题,市场会倒逼俄罗斯成为全球第三大汽车生产国。

……"[1]

现场掌声雷动。

从俄罗斯开始,曹德旺迈出了海外建厂的步伐。

其实,曹德旺一直是一个具备国际视野的人。早在20世纪90年代,他就已经走出国门,向海外寻求发展。

1994年下半年,福耀在美国的南卡罗莱纳州购地,设立福耀安全用汽车玻璃批发中心(GGI),1995年建成仓库,1996年投入使用。可一年下来,GGI亏损。曹德旺飞往美国进行专题调研,聘请了当地的市调专家,发现玻璃从中国运到美国,从码头到仓库,拆卸、分包、装运、卸载,每一个环节,都有人工费用、运输费用产生。当体量足够大的时候,批发中心才能赚钱。于是,他决定改分销模式为直销模式,GGI被关闭。

2006年至2008年,福耀在德国、韩国、日本及美国成立子公司,为这些市场的配套客户提供销售及客户支援服务。

谈起中国企业赴海外投资,曹德旺说:

> "改革开放告诉我们一个不争的事实,企业必须坚持走出去才能够做大做强。但真正想'走出去',第一要树立风险意识,没有弄清风险,千万别动;第二要有责任意识,分清小事和大事,

---

[1]《福耀探索与实践》,360图书馆,2018.11.18

出去赚不赚钱是小事,大事是不能把国家的声誉搞坏;第三要有使命意识,有机会接触外面,要能者尽能、智者尽智,担当起改变国家现状、调结构促转型等责任。"[1]

走出去,曹德旺的每一步都走得非常谨慎,前期以小资本去做,通过销售打开市场,打开品牌知名度,再进行设厂,才能在国际市场上稳扎稳打。

---

[1]《曹德旺:临渊履薄,心若菩提》,全球化智库,2017.1

"曹德旺跑了"

2016年年底,一向低调的曹德旺却因为一段采访突然在网络上"火"了起来。

在采访时,已经70岁的曹德旺靠着椅子,向记者讲起福耀玻璃在美国的投资经历以及中国企业走出去的问题,然后就聊到了中国的税务问题,曹德旺不留情面地批评中国实体经济发展存在的问题,并在土地、能源、电价、劳动力等方面算了一笔账,"中国天然气2.2元一立方,美国只要7毛钱;美国的电价也只有中国的一半,才3毛钱",他直言:中国制造业的综合税务跟美国相比高35%,还表示"中国除了人便宜,什么都比美国贵"。

曹德旺的这番言论,很快成为焦点话题,有网友评论说:"瞎说什么大实话!"也有人这样解读:"曹德旺要逃离中国市场。"

曹德旺为制造业发声,一方面引起人们热火朝天的大讨论,甚至连国务院有关机构都出来聊这件事了,而另一方面,曹德旺在美设厂的行为,也引发了一部分人的担忧,开始将福耀赴美设厂与"曹德旺跑了"联系起来。

曹德旺没有保持沉默,一向耿直的他直接回应了这些担忧。在采访视频走红两个月后,曹德旺在参加一场企业家活动发表脱稿演讲时反问:"福耀制造的市场销路65%在中国,我跑出去干什么呢?我什么时候跑了?跑到哪里去了?"

曹德旺也不曾后悔自己说了这些话:

"中国厚待我,我才说出这些话,目的是为了国家竞争力的提升。"

"我在很多场合讲话不隐瞒我的观点,因为我爱我的国家。我妈跟我讲,子不嫌母丑,狗不嫌家贫。"[1]

其实,在美国建厂,是福耀玻璃全球化战略的一个重要组成部分。正如曹德旺所说:"我们是全球最大的玻璃制造商,承担了全世界汽车厂的装车用的玻璃,因此我必须在全世界生产,必须具备全球化供货能力。"

曹德旺建设"美国工厂"的故事,还要从几年前说起。

随着福耀玻璃的迅速发展,它在中国市场的占有率已经高达60%,成为国内汽车玻璃生产商的龙头老大。不过,令曹德旺郁闷的是,尽管福耀在国内市场上发展得如火如荼,在全球市场的占有率却只有3%,扩大海外市场势在必行。2012年福耀玻璃的大客户通用汽车也提出要求,在2017年之前福耀玻璃必须在美国建一个工厂,这也成为曹德旺出海寻找投资建厂的契机。

2013年,曹德旺把在美国建厂的事情提上日程。他先后考察了美国阿拉巴马、田纳西、肯塔基和密歇根等地,最终,俄亥俄州代顿市莫瑞恩区一座通用汽车废弃的巨大厂房吸引了他的目光。据说,曹德旺一走进这间废弃的工厂就非常喜欢,觉得这里风水很好,于是很快就敲定下来。

当然,令曹德旺下定决心在这里投资办厂的不只是风水,美国当地政府的大力支持才是最重要的原因。为了留住曹德旺,莫瑞恩区政府向曹德旺承诺,只要福耀玻璃雇佣的美国员工超过1500人,政府就从第三年(2017)开始每年给福耀发20万美元补贴,五年至少补贴100—180万美元。莫瑞恩区所在的俄亥俄州政府出手更大方,承诺只要福耀玻璃能解决1500人以上的就业,在五年的时间会给补贴

---

[1]《风暴中的佛商曹德旺:说我跑了我感到惊讶也无奈》,徐豪,人民日报,2017.1

1300—1500万美元，雇佣的员工越多，得到的补贴就会越多。

除了财务补贴之外，莫瑞恩区政府还免掉了福耀办公楼15年的产权税，这又让福耀节省了近800万美元，几项优惠加起来，曹德旺可以少花3000万美元，而厂房购买与改造也差不多这个价，如此算来，曹德旺来美国开厂几乎是零投入。为了表示对福耀玻璃的重视，莫瑞恩区甚至把工厂前方的道路都改名为"福耀大道"（Fuyao Ave）。

当地政府之所以给出如此优厚的条件，是因为他们把曹德旺当成了"救星"。2008年金融危机时，俄亥俄州的经济受到了惨重的打击，在莫瑞恩地区已经有90年历史的通用汽车工厂因为无法抵御危机而倒闭。这使当地政府苦恼不已——不但损失了50%的税收来源，还有4000多人瞬间失业。这座因汽车制造业一度兴旺发达的城市顿时陷入困顿。一夜之间，上千人从中产变得一无所有，失去房子、车子，住地下室，找不到工作，甚至要为吃饭而发愁。这场经济危机让代顿的空气里弥漫着恐慌、绝望。那些昔日的工人们只能悲伤而凝重地面对着空旷、破败的厂房，回忆昔日有关汽车工业的荣光。为了摆脱困境，俄亥俄州政府和莫瑞恩地区决定花大力气招商引资，而在他们看来，曹德旺是能把他们从泥潭中拉出来的那个人。

从2014年起，曹德旺的投资逐渐落地，福耀工厂的机器轰鸣声给当地带来了希望。大量的工作机会让当地人走出失业困局，那些被通用汽车抛弃的工人们纷纷向福耀工厂投来简历。悬挂着福耀玻璃旗帜的工厂焕然一新，一千多名新员工斗志昂扬。在风靡一时的纪录片《美国工厂》中，一位名叫鲍比的工人直言："我开始在福耀上班的时候，我很感激，很幸福，我跪下感谢上帝，我有事做了。"

此刻，莫瑞恩区的很多人都把曹德旺视为"救世主"，他每次前来视察，都能够赢得员工们雷鸣般的掌声。一位工人老大哥为了感谢曹德旺带来的工作机会，盛情地邀请曹德旺参加他的家庭烧烤。

人们对未来充满了向往，然而，度过"蜜月期"后，中美文化和制度的差异逐渐显现出来，并在这个由中国企业家开设的美国工厂里引发了一系列冲突。

工会战争,寸步不让

2016年10月7日,福耀美国莫瑞恩工厂终于迎来了竣工之日,盛大的竣工庆典在这家崭新的工厂隆重举行,曹德旺亲自指挥安排了现场的布置。当地的很多名流前来参加竣工仪式,人们都相信,这家工厂会使当地人重新过上幸福的生活。

不过,一片祥和的氛围被一个词破坏了——"工会"。俄亥俄州议员谢罗德·布朗在发言的时候,说道:"这里的很多工人正在努力组成工会,俄亥俄州有着悠久的工会历史。"

这个词就像是一个炸弹,让现场的气氛一下子紧张起来。台下的曹德旺面色一沉,副总裁戴维更是愤怒地表示,"我要操起大剪刀,把参议员布朗的脑袋剪掉"。这一切,都被如实地记录在纪录片《美国工厂》里。

在这之后的记者招待会上,曹德旺坦率地表明自己的态度:"我们不愿意看到工会在这里发展,因为工会影响劳动效率,直接造成损失。"他斩钉截铁地告诉参会者:"工会进来,我就关门不做了。"

美国的工会制度由来已久,不过,在曹德旺看来:

"美国工会的作用其实是变相保护了那些工作不努力的人,形成了'大锅饭'。美国的工会制度已经不适合制造业发展了,可以说,美国制造业的衰败就是这样引起的。"

曹德旺曾经讲过自己的一个经历:"我为什么那么反对美国的工会制度?大概四五年前,我在底特律看中一家工厂。第一次列席参加这家工厂的会议，我一看——这边一排是各个部门的总监，这边一排是工会派往各部门监督总监的工会干部，也就是说，一样的工作两个人来做、来管理，你说工厂的效率还能剩多少？分一下，也就剩两三成的效率，工厂不死都不行。所以，工厂有工会，绝对不行！"[1]

曹德旺所言不虚，事实上，当初莫瑞恩区的通用汽车厂之所以会破产，一个非常重要的原因，就是工会的存在提高了工厂的人力成本，盈利能力远低于丰田汽车。

不过，工人们建立工会的决心也不可小觑。

在福耀莫瑞恩工厂里，曹德旺实施的是非常严格的管理制度，这让一向散漫的美国工人们难以忍受，他们开始抱怨福耀不符合 OSHA（美国职业安全与健康管理局）要求的狭小生产线，抱怨繁重的劳务、闷热的环境和亟待改善的劳动保障。因此，在工厂里经常会看到有人举着"支持工会"的牌子穿过厂房，他们经过之处，总会听到一片呼声，直到保安把他们请出去。工会的支持者们甚至还向媒体曝光了 11 起针对福耀莫瑞恩工厂的安全投诉，这家帮助美国实业崛起的中国公司的形象瞬间跌入了谷底。

每天，都有福耀员工涌上街头，他们背后的组织——UAW（全美汽车工人联合会）开始积极地谋划在福耀莫瑞恩工厂成立工会。

UAW（全美汽车工人联合会）是一个"专注于为汽车工人带来高福利"的组织，他们声称，"我们为公司找到一种既能赚钱又能公平对待员工的方法"。在通用、克莱斯勒、福特等多家汽车企业的工会中都活跃着这个组织的身影，他们并没有什么高招，秘诀只有 8 个字：死缠烂打、软磨硬泡。

UAW 把组建工会的过程称为"战斗"，很多美国工人毫不犹豫

---

[1]《曹德旺：欧美工会变相保护了那些工作不努力的人》，新浪财经，2019.9

地加入了抗议队伍，一位女工说出了他们共同的想法："他们称我们为老外。我们希望觉得自己是在美国工作，而不是走进大门，就离开美国到了中国。"

中美文化之间的差异在此时暴露无遗：在美国工人看来，那些来自中国的管理者态度强硬、行为粗暴；而在远渡重洋来到美国的中国人眼中，美国人态度懒散、业绩低下，动不动就罢工。用曹德旺的话说："美国工人效率低、产出低、不能管……让美国人理解并接受我们中国人在那边投资，这是比较大的问题。"

美国人强调自由、权利，中国人强调集体、效率，两国截然不同的文化互相冲击，让福耀玻璃美国工厂连续三年亏损，70多岁的曹德旺不得不频繁地往返于中美之间，美国工人的问题显然比他最初想的要棘手很多。

为了彻底解决这个问题，曹德旺最终决定让美国工厂的中层干部们一起到福耀集团的总部，去学习中国工人是怎样工作的。

2017年1月6日，一群美国人风尘仆仆地出现在福建省福清市，他们都是福耀莫瑞恩工厂的管理层，来这里学习中国工厂的先进经验。中国人的管理方式令他们惊讶不已。一进门，他们就听到中方主管在集体合唱企业之歌。美方主管面面相觑：在他们的管理生涯中，还没见过这样的阵仗。福耀玻璃的标准车间内，美方主管们在"每天走7000片的流水线"上目睹了一把中国工人"毫不停歇"的手速，最令他们震撼的，是工人们半军事化的班前例会。

一些喜欢到处溜达的美国主管，偶然间发现，中国工人处理碎玻璃时没有佩戴防护工具，甚至手套也不是防割手套。一天工作12个小时的中国女工，一年只被允许回家一次。

但与这种简陋、严苛的工作环境形成鲜明对比的是，在这之后的迎春晚会上，中国工人们的神采奕奕：一群姑娘们唱着"智能精益是趋势，各行都得往上靠"；一群穿着荧光紧身T恤的小伙子举着几块车用玻璃，在黑暗中乱舞；甚至连美国人都挂着红毛巾，乐呵呵地手搭着肩开起了人行火车……所有人都干劲十足,仿佛对工作有一种天然的使命感。

在纪录片《美国工厂》中,还有这样一幕:一位操着流利汉语的美国主管跟一位中国班头谈起了业务:"美国员工就是太烂了!……我们最好的工具是胶带,把胶带封在嘴巴上,他们一定会表现得更好。"

这位美国主管回到美国之后,果然借鉴起了中国的管理方式,让美国工人排队报数,想在美国来一场社会主义工人的试验。然而,结果却让他愤懑不已:美国工人们一点儿也没有展现出中国工人身上的"组织性",无论他采取什么样的管理措施,他们总是懒懒散散,敷衍应付,根本不理他。

从中国取经未能使福耀莫瑞恩工厂的情况产生好转,这让曹德旺非常失望。更令他烦闷的是,有了UAW的撑腰,美国工人们开始底气十足地拒绝主管的"无理要求",有时是因为涉及安全隐患,有时则是因为不合理的操作。越来越多的工人们相信,工会进不来的地方,就会进来隐患与工伤。

但无论如何,曹德旺始终寸步不让。他认为工会只会使企业的效率下降,而美国工人想要的高福利,在福耀完全有保障:"根据我开办工厂几十年的经验,我认为,企业的高效率源于员工的高效率,员工的高效率源于企业的高福利。我可以说,福耀员工的福利很好。比如,美国最时髦的福利是奥巴马险,员工出资30%,公司出资70%,员工家庭的嫡系家属的医疗费用由保险公司还。但我当初没有叫员工买奥巴马险,我是这样做的——福耀员工家庭的嫡系家属生了重病,费用由公司出,治疗员工家庭的孩子,我花百儿八十万的情况都有。这样的话,悬在员工头上那把威胁的剑,就被我们拿起来了,员工就可以安心工作了。因此,你看福耀的员工队伍很稳定、员工的精神状态很好,对企业的忠诚度很高。"

在美国,一个崇尚自由、重视员工福利的地方,曹德旺竟然直接拒绝引入工会,这需要多大的勇气!

用中国价值观"改造"美国人

因为工会而引起的矛盾日益激化,紧要关头,曹德旺启动了高层"换帅"计划,换掉了拿着高薪却放任事态发展的美国负责人,派在中国待了 26 年、美国待了 27 年的刘道川走马上任。

刘道川在美国工作多年,对西方文化非常熟悉,他刚一上任,就开宗明义地告诉中国主管:美国人都是"顺毛驴",搞定他们得有方法,因为咱比他强,所以要耐心引导。

"新官上任三把火",刘道川"烧的第一把火"是用利益分化工人群体。他对那些"服从命令听从指挥"的美国人承诺"一小时加薪 2 美元",而对那些支持成立工会的工人们,则让中国主管们直接威胁,"我有很多耳目,对付工会的办法五花八门"。

"第二把火"是聘用反工会咨询组织。刘道川花 100 万美元请来有着"工会克星"之称的 LRI(反工会咨询组织),LRI 的代表对员工进行培训:工会设计的合同看起来确实很美好,但结果可能是福耀就对你没有用工需求了。

刘道川的最后一个"杀手锏"是把那些"刺儿头"从工人队伍中清理出去。"工会运动"顽固支持者们被福耀接二连三地开除。一位始终想在工厂里成立工会的大妈抱怨被指派了两个人的工作量,她明白这是人事在挖坑,好以绩效不行的理由炒掉自己。

一番"胡萝卜加大棒"的操作后,认为"工会不能当饭吃"的工人们越来越多,很多美国工人认清现实,"工会唯一会做的就是留下烂员工,优秀的员工就会随波逐流。我明白,有时候需要一个工会,但现在有人给我一份好工作,开出好的薪水,每天让我来上班,我不需要有人横插一脚"。

2017年11月,美国劳资委决定组织一场官方投票,毕其功于一役地解决"福耀是否需要成立工会"的核心争议。曹德旺再次来到工厂,语重心长地告诉刘道川:"你以为我愿意每个月跑过来啊?"

那天晚上,他在阳台上一根接一根地抽烟,这场至关重要的投票,结果到底会如何,他心里也没有底。

代表了1500余名美国工人"自由意志"的投票结果,历时两天出炉:444票赞成、868票反对。这场一山不容二虎的拉锯战,终于以"福耀完胜UAW"的结果画上了句号。

对于美国人来说,接受这种全新的价值观也许是"不得不做"的事情。对于这个投票结果,一部分美国员工说,年轻人害怕了,他们以为这样可以保住饭碗。

曾经,陪伴这片土地的通用汽车有着超强的创新能力,核心科技让他们享受着高溢价,然而过去的产业荣光已经不再。正如一位美国工人所言:"通用给了我很好的生活,他们关门时,这一切就断了。我们再也赚不到那种钱了,那些日子结束了。"

现在,这片土地已经进入了福耀时代,他们必须习惯福耀的赚钱模式。虽然文化差异会带来摩擦,但归根到底,他们的目标是一致的。在《美国工厂》纪录片中,一位中国工人对镜头说,"船翻了,大家的饭碗都没有了"。搞破坏、打嘴炮从来不是解决问题的方式,唯一的出路就是理解彼此,解决冲突和分歧,齐心协力融入全球化。

纪录片《美国工厂》导演史蒂文·博格纳尔接受《纽约客》采访时,记者问他对中美工人的态度和观点有何看法,他说:"(中国)确实存在很强的使命感,一种民族性质的使命感。他们(中国人)正在崛起,在美国,大部分工人却在从稳定的中产衰落到底线——中产的下层。如果你回头去看自己的上一辈或者上两辈,他们都比你要过得好。

我们却越来越糟糕,文化、国家、社会都在变糟糕。这样的未来看不到希望,中国却恰恰相反。"

没有人能够逆流而上,全球化是潮流,科技升级行业转型是潮流,中国的发展是顺应潮流。在《美国工厂》的结尾,曹德旺巡视车间时,一位管理者提议用机械臂代替部分员工。字幕上列出一组数据:2030年,在自动化大潮下,全球将有3.75亿人不得不面临重新寻找工作的局面。一场科技变革正悄无声息地赶来,"美国工厂"以及全世界的廉价劳动力还将面临失业,新的挑战接踵而至。科技让世界日新月异地加速发展,没有人能吃一辈子红利,这个美丽世界的残酷现实是,它永远不会等待停下来休息的人们,它只属于怀抱信念、顺着时代不停奔跑的"曹德旺"们。[1]

2018年,几经折腾的福耀美国工厂终于扭亏为盈,实现飞速增长。了却心事的曹德旺去庙里烧香拜佛,他坦言:

> "我弄不清楚自己到底是有功之人,还是有罪之人。在物质越来越好的同时,也破坏了环境,我更怀念那个虫鸣鸟叫的年代。虽然物质生活落后,但人们在生活中却充满了对于未来的希望。"

2020年2月10日,完整记录了曹德旺与美国工人之间的这场工会战争的纪录片《美国工厂》,被评选为第92届奥斯卡金像奖最佳纪录片。工厂所有者、故事背后的男主角曹德旺因此被网友调侃是获得奥斯卡金像奖的中国人。

曹德旺曾说:"人生如戏,世界之大,舞台高低,各自精彩。"他说自己只是一般角色,在一般的舞台,用力表演。或许连他自己也没有想到,就在说完这些仅一年,这位"玻璃大王"就踏上好莱坞,成为第一位携带参选作品现身好莱坞的中国企业家。

---

[1]《〈美国工厂〉:用中国价值观"改造"美国人》,交研智慧,2019.8.30

第十一章
率性为真:"我一辈子走过来,光明磊落"

曹德旺曾说:"回忆起我这些年的发展,我觉得一个企业家要把事情做好,一定要热爱自己的国家,这种热爱不仅会给自己带来财富,而且还会成为做事业的动力。"

为婚外情调查100对夫妻

在率领福耀玻璃走向全球化的过程中,曹德旺遇到了现代性的冲击,在他个人的婚姻中,也同样如此。

在一次访谈中,曹德旺自爆年轻时在情感之路上的一次"悬崖勒马":

"在我年轻的时候,我曾经遇到过另一个不同的女人,那是一个让我想把家都扔掉的女人。那是70年代末80年代初,我在明溪遇到的。

"那时,虽然我做推销赚到了一些钱,但也只是一个富裕起来的农民而已,还没有像现在这样有能被称得上事业的企业。就在那个时候,我爱上了一个女人,她是我的女朋友。我好像找到了真正的爱情。她为了帮助我,为我做了很多事情。当时她很年轻,大约二十四五岁,已经结婚,有两个孩子。我们都很投入,彼此觉得找到了一生的知音。

"可是,那是什么年代啊?80年代初,尤其是在福清这样的地方,可想而知她的压力有多大。但她很勇敢,我和她的事情被她的一些好姐妹知道了,那些姐妹就劝她,说:'你怎么这样,什么人不好找,找一个农民,瘦瘦的,黑黑的。'她就跟那些姐妹说:'我们谈得来,我相信他是一个非凡的人,他将来一定会有成就，会飞黄腾达的。'"[1]

曹德旺非常感动，于是写信给自己的妻子，向她提出离婚。他的妻子不识字，信是曹德旺的妹妹读给她听的。得知妻子收到信之后，曹德旺怀着忐忑的心情回到家中，他原本以为，等待他的是一场暴风骤雨。

谁知道，妻子的反应如往常一样平静。"后来等我回到家，她见了我只是说：'我知道我配不上你，知道你是会走掉的。你要是真走了，那么把房子和3个孩子留下来给我。'我听了以后非常伤心，我觉得非常对不起我的太太。"曹德旺后来说。

中国企业家成名之后，都会不约而同地面临同样一种苦恼——被八卦。如果不是曹德旺亲口讲出这一段经历，几乎所有人都会认为坊间流传的曹德旺年轻时"节外生枝"的段子，只是好事者编造出来的"绯闻"而已。

但曹德旺从来没有想过隐瞒自己的这段婚外情，他坦然地将其公之于众，并且毫不掩饰自己内心的纠结："我面临着一个选择。一面是我的结发妻子，她为我默默地奉献了这么多年，吃了那么多苦，纯朴善良，永远无条件地信任我，另一面是我的红颜知己，我们有刻骨铭心的感情，有共同语言。"

张爱玲在《红玫瑰与白玫瑰》中说过的一段话，精辟地揭示了曹德旺当时的困境："也许每一个男子都有过这样的两个女人，至少两个。娶了红玫瑰，久而久之，红的变成了墙上的一抹蚊子血，白的还是'床前明月光'；娶了白玫瑰，白的便是衣服上沾的一粒饭粘子，红的却是心口上一颗朱砂痣。"

---

[1]《曹德旺：我曾有过外遇，但最终没有离开文盲妻子》，搜狐新闻，2019年8月20日

一边是"白月光",一边是"蚊子血",那时的曹德旺很苦闷,不知道何去何从。他想改变自己的生活,但又不想背叛谁。

痛苦煎熬的曹德旺做了一件"惊世骇俗"之举:他做了一次婚姻调查,看看别人的婚姻是不是比他的好,看看到底幸福的家庭占多大比例?到底什么叫幸福?

他选了100对具有代表性的夫妻,这些人中,有工人,有医生,有干部,有企业经营者,也有老师。在调查过程中,他发现,并不是所有人的婚姻都像看起来那么幸福美满:

> "我发现并不是我一个人对自己的家庭不满意,而是这100对夫妻中没有一对夫妻对自己的家庭是满意的。给我感触比较深的是福州水表厂的一个朋友,他和太太两个人,一个是科长,一个是团干部,郎才女貌,是谈了3年恋爱才结婚的。在我看来,他们应该幸福得不得了。没有想到,也是家家有本难念的经。在我跟他们成了很好的朋友以后,有几次,喝酒聊天说深了,才知道他们双方都对家庭不太满意。两个人互相指责起来,一点儿也不比我的少。当时是1980年。我对我能搜集到的婚姻样本进行统计分析比较,得出的结论是:没有一个家庭是绝对幸福的家庭。"

这个结论令曹德旺愕然不已,他开始思考:为什么会是这样?很快,他就找到了答案。后来在访谈中,他说:

> "后来我想通了——两个人,来自不同的家庭,有着不同的教育背景,这样就会形成各自不同的观念。谈恋爱的时候,可能是求同存异;一旦真正生活到一起,就会有很多问题。所以我觉得,幸福这东西讲起来都是大同小异的,就是有吃有喝、子孙满堂这些东西。可是如果往深层次去想,世界上有绝对的幸福吗?没有,所以也不会有绝对幸福的家庭、绝对完美的婚姻。既然是

这样，我认为我是不需要再去考虑什么换家庭的事情了，再换换，就是换 1000 个照样也没有用啊。"

最终，曹德旺决定放弃自己的红颜知己，回归家庭。但是他在心里暗暗发誓："这辈子一定要争一口气，让我爱的和爱我的女人她们的姐妹们说起她们的时候，能够说她们爱的是一个像样的人、一个值得爱的人。"

> "那次婚外情让我明白，男人也许会爱上妻子以外的女人，也许会刻骨铭心，但这都不是让他放弃家庭、放弃妻子的理由。一个有担当的男人，是让他的女人为他自豪，而不是为他痛苦为他哭。"

这是多年以后，曹德旺领悟到的爱情真谛。

对于之前的那段往事，曹德旺不是没有遗憾，后来他感慨地说："人一生总会有遗憾的，这是没有办法的事情，经历得多了，内心就丰富起来了。"

在自传《心若菩提》中，曹德旺也曾有过一段心迹表白："很难有人一生一世心里从来没有被其他异性感动过，从来不曾为其他异性泛起过一点儿水花，但人必须做到儒家所讲的'发乎情，止乎礼'。一个男人，他对一个女性欣赏，这是感情问题，是'发乎情'；但是怎么处理，却是一个理性的问题，这是'止乎礼'。"

漫漫人生路上，难免会迷茫，也总要面对一些诱惑，有时，面对一成不变的生活也会感觉到一丝枯燥与乏味，于是，很多人就向围城之外寻找"解药"，甚至像曹德旺那样遇到了"婚外恋"。但曹德旺是明智的，在最迷茫的时候，他懂得反思，懂得积极寻找婚姻生活的真谛，于是有了他后来的醒悟，才有了他正确的人生抉择。

患难夫妻不可弃

因为曾经"对婚姻徘徊过",曹德旺对妻子一直心怀愧疚。随着年岁渐长,这种愧疚之情也与日俱增。1990年前后,曹德旺再次做出了一个令人震惊的举动:把所有财产都通过法律途径过户到了发妻陈凤英名下,甚至福耀玻璃控股公司的法人身份也让给了妻子。

"我这个家现在所有财产都记在她的名下,我的控股公司也是她在当董事长,都是她的,不是我的,人家说这家公司是曹德旺的,但实际上从法律关系上说是我太太的。"曹德旺希望以此举来弥补年轻时犯的"错误"。

虽然后来因为股权改革及上市等诸多事宜,第一大股东又重新变回曹德旺,但他的诚心日月可鉴。

曹德旺的妻子究竟是何许人?曹德旺是这样介绍她的:

> "我现在的老婆就是结发夫妻,她没有读过书,叫陈凤英,人很好,几十年来,煮饭,帮我管小孩,连电话都不接,她觉得自己普通话讲得不好,所以不接,怕人家会笑话她,她穿的衣服鞋子都是我帮她买的,家里的东西也都是我买的,她不会买东西。"

陈凤英有四分之一的马来西亚血统,从小没读过书,是个典型的农村女人。那时曹德旺只有23岁,是一个地地道道的"穷小子",

他的母亲生病了，父亲希望他尽快结婚，以便有人照顾他的母亲。曹德旺同意了，很快便遵循"父母之命，媒妁之言"，与别人介绍的陈凤英结婚。"结婚前两个人连面都没有见过，仅仅看过一张很小的黑白照片，所以，我们没有谈恋爱的过程"。

这样的择偶观现在看来有些不可思议，却也体现了那个年代人们最淳朴的一面。其实，在当时，很多人的婚姻烙着浓厚的时代印记，比如，与曹德旺同样生于1946年的沙钢集团董事长沈文荣，20世纪70年代末期与乡村教师陈红华结婚时，后者的择偶标准只有一条——对方必须是共产党员。

曹德旺的发家离不开妻子的贡献——他做生意的第一笔本金，就是卖掉妻子嫁妆的钱。对丈夫的这一举动，陈凤英没有任何怨言。这让曹德旺感念至今："她一句怨言也没有，她认为嫁给你了，你就说了算。我们30几年的婚姻生活，她一直是这样的，再苦再难也不会抱怨。"

这之后，陈凤英在家照顾老母、承担家务、养育孩子，而曹德旺则走南闯北倒卖木耳，赚钱养家糊口。"一年到头我们两个人在一起的时间很少，这就是我们的'新婚燕尔'，谈不上浪漫，'贫贱夫妻百事哀'，有些事情经历了才知道里面的甘苦。"曹德旺回忆称。

曹德旺的第一次创业惨遭失败，他不忍拖累妻子，于是便对她说："我现在一无所有，只余下一个人，如果实在不行，你可以再嫁人。"

陈家通情达理，对曹德旺不但没有斥责，反而一通鼓励。他的丈母娘说："你胡说八道，你这么聪明，困难一定会渡过的，你放心回去吧，你老婆孩子我给你带着。"[1]

曹德旺后来经常说他与陈凤英是"患难夫妻"，感触正是出自此处。

在福建明溪经历了那一场意外的插曲之后，曹德旺回归了家庭，

---

[1] 曹德旺.《心若菩提》[M]，北京：人民出版社，2014年

从此心无旁骛，把所有精力都用在了事业上。妻子则全心全意照顾家庭，让曹德旺无后顾之忧。

古稀之年，回首自己的婚姻，曹德旺给出了一个极高的评价："我的婚姻真是对我再好不过了。"他说：

"对于我来说，家庭是一个避风的港湾。两个人素昧平生，然后成为一家人，同在一个屋檐下，这是缘分，应该好好珍惜，和睦相处，有困难的时候能同舟共济，这就足够了。真正的幸福不仅在家庭，还在事业。做事业的人绝对不可以为了感情而放弃事业，这是我的看法。我还有一个看法，就是男女之间还是要有真的感情，像我和我的妻子，虽然直到现在我们也很少有时间交流感情，可她和我是患难夫妻，我们一起经历过了多少事情！这就是感情。在我被人家追债追到连房子都要卖掉的时候，她还是信任我，跟着我。现在我发达了，她不管我有多少钱，也不势利：你有多少钱、怎么花，我也不管，反正我相信你。这是一种始终如一的感情。很多感情不是真感情，是因为没有建立在一个牢固的基础上。

"我们结婚这么多年，很少刻意培养、经营感情。像电影电视里送给让对方惊喜的礼物或者相约吃个烛光晚餐、在月光下说些缠绵悱恻的话，我们都没有。我们的感情就像涓涓的溪流一样，无声无息，虽然我们夫妻之间很少有浪漫的表示，而且几十年来忙于工作，在一起的时间很少，但夫妻之间的感情是有的。

"一想到她嫁给我的时候是那样一个纯朴的少女，这么多年来，无论什么样的事情发生，她都始终如一地听从我的安排，我就觉得有义务要尽到自己的责任。所以我所有的财产、我的公司都在她的名下，我要让她觉得安心，觉得这辈子有依靠。我们虽然没有那些激情如火的海誓山盟，但是我们毕竟是从年轻相伴到白发，中间所有的悲伤和快乐都是连在一起的，这是一种血脉相连的感情,没有经历过的人体会不到。

"现在要我回首往事,我想假如我找的是一个很厉害的老婆,她肯定会管住我很多,我会很不自由,我很爱自由和事业,连打高尔夫球都喜欢一个人去打,所以从这个角度上说,我的婚姻真是对我再好不过了。"

这就是曹德旺的婚姻哲学。

很多人经过奋斗、经受磨难之后,终于获得成功,却忘乎所以,开始骄奢淫逸,甚至抛弃糟糠之妻,只可共患难不可同富贵。相比之下,曹德旺远比他们质朴、纯粹,一直不忘初心,坚守家庭。他曾说,"我一辈子走过来,光明磊落",这句话,他真正做到了。

不退美国籍，不能继承财产

几十来，中国富豪移民者众多，但移民之后又回归祖国者少之又少。曹德旺，就是其中之一。

1995 年，曹德旺举家迁往美国，准备在那里度过后半生。然而，10 年之后，他的玻璃事业做得越来越大了，他却对自己当初移民的决定后悔不已，因为他意识到"福耀玻璃"将成为中国玻璃的代名词，"如果曹家移民了，中国人就没有玻璃了"。

后来，在接受媒体采访时，他如此剖白当时的心路历程：

> "我原来只是一个小老板，只要对国家无影响，什么地方都可以去。但后来把企业做大了，成为全球同行的前列，性质就变了，这时候我意识到，将来福耀是中国汽车玻璃的代名词。这个企业是中国人的，如果移民到美国，资产就随着我到美国。所以，作为创始人，我必须回去。小老板将来可能书写行业发展史，我必须为自己的历史负责。那时我考虑的不是个人安逸问题，而是怎么为国家负责。"[1]

---

[1]《曹德旺：真正成"家"的人不会移民》，《环球时报》，2017 年 1 月 14 日

于是，曹德旺毅然决然地决定放弃美国绿卡，返回祖国。

一开始，3个子女并不理解父亲的做法，但曹德旺没有给他们选择的机会：

"谁要是不退美国绿卡，谁就不能继承我的财产。"

在曹德旺看来，企业家如果没有责任感，充其量只是个富豪。他曾说：

> "企业家的生意没有国界，但企业家本身有国籍。最近有人问我关于企业家移民的问题，我跟他们讲，你们放心，真正能成才成家的人不会移民，因为他们不是为了钱或者过安逸日子就去移民。他是人物，他必须要向历史负责，我必须坚守中国这个底线！企业家是一个很高尚的称谓，他追求的是一种境界、一种精神、一个人的完整人格。"[1]

曹德旺身上，一直有一种浓浓的家国情怀。他曾说："回忆起我这些年的发展，我觉得一个企业家要把事情做好，一定要热爱自己的国家，这种热爱不仅会给自己带来财富，而且还会成为做事业的动力。"

对于企业家的成功，他给出了自己的定义，其中，最重要的衡量标准便是高度的社会责任感：

> "我认为做人第一就是要有高度的社会责任感。在家里，为人子要尽人子之责，为人夫必须尽人夫之责，为人父要尽人父之责；在社会上，要尽公民之责，要有强烈的民族和国家意识，这样你才会成功。"

---

[1] 王志安专访曹德旺，《局面》，2017年6月23日

这个伴随着改革开放的进程成长起来的企业家，自带自强不息与家国大义的底色，把不辜负这个时代当成自己与生俱来的使命。几十年来，曹德旺一直把自己的事业与国家紧密地联系在一起，坚持"国运即我运"，在几十年的商场沉浮中，诠释了什么是真正的企业家精神，什么是真正的家国情怀。

从曹德旺的身上，我们清晰地看到，中国企业家不只是关心企业盈利、持续创新，还在追求其社会价值和家国意义：一方面追求技术领先、具有独特的核心竞争力，为产业做出贡献；另一方面推动产业、社会和国家，乃至世界进步，回馈自然与社会。

> "中国的希望在于中国人自己的觉悟，如果每个行业都有人执着地把自己的事业与国家联系起来，那执着于这项事业的人，不但能够成为自己这个行业的领袖，为自己与社会创造财富，而且有机会跻身于世界这个大舞台，为世界创造价值和财富。"

曹德旺如是说。

失去众多"富贵即移民"的"小老板"，并不令人遗憾，因为在大国崛起的背后，有无数像曹德旺这样为国为民的实干企业家！他们，才是中国的骄傲！

"逼"长子接班

2018年6月25日,福耀玻璃发布公告:福耀玻璃的全资子公司福耀香港将收购关联方曹晖所控制的三锋控股持有的福建三锋集团100%股权,股权收购的交易总价为人民币2.24亿元。

曹德旺心里的那块大石头终于落了地。这将意味着,他辛苦打拼的玻璃事业,终于有了接班人。

中国有句古语叫富不过三代,几乎所有的企业家都面临着一个共同的难题——企业的传承。

从2019年新财富500富人榜来看,我国50岁以上民营企业家的比例约为7成,也就是说,在未来5到10年间,大部分民营企业都需要面对寻找接班人的问题。不只是中小企业,上市公司也同样面临接班困境。根据数据统计,A股2010位民营上市公司实际控制人中,50岁以上的实际控制人总人数为1523人,占实际控制人样本总数的75.77%。

这一代企业家,大多是在改革开放之初,通过白手起家,抓住商机,快速崛起,成为行业翘楚乃至世界知名企业家的。曹德旺无疑是其中的典型代表。几十年来,他们一直专注于企业发展,很少考虑交班这件事。然而,到了20世纪20年代,中国改革开放迎来40周年,第一代优秀企业家已经走过三四十年的企业经营之路,他们逐渐意识到完成代际传承已经迫在眉睫。如何才能顺利传承,确保家族企业发展长盛不衰，成了诸多企业家必须思考和探索的问题。

其实，家族企业的传承一直是一个世界性难题。相关数据显示，家族企业从一代传承到二代成功率不超过 20%，从一代传承到三代成功率不超过 5%。打江山易，守江山难。很多企业都由于接班失败而走向衰落甚至败亡。

为了解决这个难题，很多欧美企业采用聘请职业经理人的方式，希望以此保障企业的永续经营。然而，中国的传统文化以及中国家族企业独特的管理方式，决定了中国企业很难走这条道路。大多数传统的中国企业家，还是更愿意把企业交给自己的子女。

然而，在当下，"子不愿承父业"却成了一种常态。有人总结了"两个 9 的矛盾"——"中国 90% 的家族创始人希望子女接班，但 95% 的子女却不愿意接班。"

中国新闻网的一篇报道曾经进行过统计：记者对 182 家中国最杰出家族企业进行调查，发现在平均年龄达到 52 岁的创业家群体的子女中，多达 82% 的人表示"不愿或不主动接班"。[1] 一份中国私人财富报告也显示，约 65% 的受访二代财富继承人希望以引入职业经理人或只担任股东的方式延续家族企业的经营，或转卖并退出企业。

坊间也流传着很多"创二代"们不愿接手父辈事业的故事：杭州娃哈哈集团董事长兼总经理宗庆后之女宗馥莉，曾经多次公开表示不希望接手父亲打下的江山；新城控股集团董事长王振华之子王晓松，在担任总裁之后不久，就发布了一封公开信，以一种令人惊愕的方式"闪辞"；万达集团的董事长王健林在谈到创业传承问题时，曾表示自己很后悔只生了一个儿子……

与在商海一直辛苦打拼的"创一代"们不同的是，他们的儿女们

---

[1]《民企现"后继无人"的尴尬　8 成"企二代"无心接班》，中国新闻网，2017 年 11 月 26 日

生活条件优渥，享受着时代发展带来的红利。这些"创二代"们大都有着较高的学历水平和丰富的海外留学经历，他们视野开阔、知识丰富，但也缺乏父辈们的奋斗精神、处世之道。他们崇尚自由，拒绝被束缚，因此，很多人更愿意自己去开拓一番事业。

更何况，作为家族企业的接班人，他们面临的压力是非常巨大的。毕竟，在父辈的成功面前，能够达到甚至超越父辈水平的人少之又少，如果与父辈的成就相去甚远，巨大的舆论压力对心理承受力也是一种考验。娃哈哈创始人宗庆后的女儿宗馥莉就曾说："我拥有较高的事业起点与平台。但在这个高起点上，如果没有新的建树，就没有自己存在的价值。"

正因为如此，很多"创二代"做出了不接班的选择。

这意味着，未来中国的很多企业都将面临"后继无人"的窘境。

在很长一段时间里，这个难题也一直困扰着曹德旺。

曹德旺有3个子女，曹晖是他的大儿子，他一直认为，曹晖是理所当然的接班者。"曹晖是长子，他有接班的权利。"曹德旺骨子里非常传统，在此之前的很多年里，他一直以宗亲血缘作为企业传承遵循的准则，从未怀疑过长子继承的合理性。

从一开始，曹德旺就是把曹晖当作自己的接班人来培养的。出生于1970年的曹晖，大学毕业后，就在父亲的安排下进入福耀玻璃的车间，从最底层的岗位开始干起，和普通工人一样，吃住都在公司。

"大学毕业，我就把他放到车间里去了。在那里他一待六年，慢慢地从为师傅跑跑颠颠、顶替别人加班多拿几块钱，到后来当了车间主任。我一看，他轻车熟路了，就把他派遣到香港去做销售。从零做起，又是六年。慢慢地渠道熟悉了，宝马车都有了。我见不得他舒坦，当美国分公司出现掌控危机时，我又狠心把他派遣到美国去，在那里又是六年。尤其是在2001年至2004年福耀对美反倾销官司中，曹晖带领团队艰苦奋战，展现出管理才华和领导力。在美国他得心应手了，但国内需要，我又把他拉了回来。"曹德旺曾在接受采访时这样说，"一般的年轻人跟曹晖是不能相比的，第一他吃苦耐劳，第二非常敬业，对业务也很熟悉。"曹德旺显然对曹晖非常满意。而曹晖真正快速成长是那几年在美国市场的摔打，特别是应对反倾销官司的历练。

曹德旺一直致力于福耀玻璃的去家族化管理。2003年至2005年，福耀玻璃分别聘请日本人丰桥重男和原通用中国公司先进技术管理部总监刘小稚出任总经理。但是，不到一年时间，两人因各种原因选择了离开。2006年，曹晖接下了这个重担，担任福耀玻璃总经理。

那时的曹德旺一直盘算着，自己再当几年董事长，把儿子扶上马送一程，然后就可以退休了。

2011年，曹德旺启动了自己的退休计划。那时，曹晖已在公司锻炼多年。对曹晖接班这件事情，曹德旺有着周密的安排："接班的事情分三步走：第一步我们把总裁调整了，第二步把董事长交给曹晖，我去当名誉董事长。第三步，等曹晖成长到一定程度了，几年以后，名誉董事长我也不当了，让他全部拿去，这样就接班了。"在接受《时代周报》采访时，曹德旺曾如是说。

曹德旺原以为一切尘埃落定，但2015年，事情又发生了大转变。这一年，曹晖提出辞职，要出去单独创业。"他想自己试试，从零开始，看看怎么做一家企业。"曹德旺说。

事实或许并不那么简单。生活在传统社会和现代社会的父子两代人，存在着价值观的根本分歧。经历过西方教育及工作经历的洗礼后，曹晖不愿再活在父亲强大的身影之下。玻璃行业的"天花板"，也让他有些望而却步。或许，正是这些原因，让曹晖萌生了退意。

在这之后的几年，福耀玻璃的总经理职位一直由曹德旺的女婿叶舒担任。但曹德旺仍然不死心，在接受媒体专访时他表示，曹晖认为汽车玻璃的配件市场更有潜力，而且对"互联网+"更感兴趣，想要以单独创业的方式实现理想，而"曹晖作为未来接班人"的计划不会动摇。

从福耀玻璃"出走"之后，曹晖创立了三锋控股，并成立由三锋控股 100% 控股的福建三锋集团。他给三锋集团的定位是"当好汽车工业的配角",为全球一流汽车品牌制造商提供零部件,领军中国汽车后服务市场。"当好汽车工业的配角,未来就在当下,时代正在召唤我们。"曹晖在官网致辞中曾经写下自己的雄心壮志:"2020 年中国将成为世界第一大汽车市场,市场总量将达到一万亿元。"

不过,虽然曹晖希望独立创业,但他的事业仍然与父亲的事业紧密相连。事实上,三锋系也一直没有完全脱离福耀的整体体系。三锋控股和福耀集团一起,独资或与他人合资设立、收购了模具、电子、饰件、机械、服务等公司,从而构建起一个涵盖 5 大版块的版图,继而专注在高端汽车零部件、工装、模具及专业设备的设计、研发与制造,其中三锋控股还收购过福耀的子公司。

对此,曹德旺表示:"以前很忧虑新旧交接的问题,但看过曹晖做的产品后很开心,因为看到了福耀的未来。"

曹晖离开后,福耀玻璃的业务越做越大,在北美建立了全球单体最大的汽车玻璃工厂,海外市场份额不断提升,福耀玻璃越来越需要一位年富力强的年轻人来统领企业接下来的全球化进程。曹德旺热切地盼望儿子的归来。

他相信,总有一天,自己的愿望会实现。为此,他信心满满地制定了企业的新接班计划,依然将它分成 3 个步骤:"第一步是让女婿叶舒担任福耀玻璃总经理,第二步是吸引曹晖接班担任董事长,第三步是自己逐步离开公司实际管理层以实现交班。"

但曹德旺也明白,这需要时间:

"福耀玻璃的员工都很崇拜我,但曹晖不崇拜,他做事情有自己的原则,有自己的思路,不盲从。除非有一天,他凭借自己的能力把福耀带上更大的轨道,他才会心甘情愿、顺其自然地接班。而工业 4.0 或者就是这样一个方向,但这需要时间。"

与此同时,他也一直在做曹晖的工作。他曾对曹晖说,这不只是个人的责任,更是社会的责任。

"这是一种责任,是一种荣誉,他应该能接受这样的事情。福耀玻璃是国家的财产,是股东的财产,(接班人问题涉及)福耀员工的饭碗,处理这件事情,必须慎重。"曹德旺说。

2018年,事情终于有了转机——曹晖终于同意回来接班。

曹德旺开始为曹晖接班做准备,2018年6月25日收购三锋控股,就是其中一个重要举措。曹晖有4家公司,其中3家与福耀玻璃有生意,并购他的公司,既可补充福耀玻璃的产业链,还能增长公司利润,同时规避了关联交易。

"他(曹晖)必须得迈出来。"曹德旺一如既往地笃定。

曹晖的回归,被很多人认为是向父亲的"妥协",不过,曹德旺却说,曹晖"从头到尾都同意接班",出走创业只是历练,至于上任的时间,则是"随缘了,看机会"。

接班人回归,也意味着曹德旺距离"退休"越来越近了。他相信儿子的能力,相信作为二代闽商的他,能完成带领福耀集团走向未来的使命。

而对曹晖来说,挑战才刚刚开始。父辈的辉煌与荣耀像一座沉重的大山,岿然雄踞于他的征途前方。未来,如何引领这家全球最大的汽车玻璃生产企业创造更好的业绩,如何走出父亲的影子甚至超越父亲的成就,正考验着这位"创二代"。

第十二章

首善佛心:"慈善是你长得太高就锯一点儿给别人"

  我爸跟我讲,如果发现在你家门口躺着一个人,第一件事情要把他扶起来,问他要不要喝水,有病要送到医院去,这是做人起码的道理和准则,要学会同情、理解人家。

差点儿出家的佛教徒

在曹德旺办公室最醒目的位置,摆放着一本巨大的《金刚经》。在他耗费巨资购置的豪华别墅的门厅中,也放着一本特制的《金刚经》——长1米2,宽78公分,厚达12公分。一进门,第一眼看到的就是这本硕大的《金刚经》。曾有人问他:"如果只允许你带走屋里的一样东西,你会带走什么?"他想了想,说:"就是这本《金刚经》。"

曹德旺是一位虔诚的佛教徒。曹家四代信佛,在父母祖辈的言传身教下,曹德旺从儿时起便接触了佛法:

> "我做小孩子的时候,就看到我父母亲对这方面(佛教)很信仰,给我留下很深的印象,自己从一开始做生意,走南闯北,也看了许多东西。随着岁月的增加,经历了许许多多事情,更让我坚定地相信,佛教对一个人情操的陶冶,再加上对他事业的帮助,是不能够用语言来表达的,因此我能变成一个非常虔诚的佛教徒。"

曹德旺一年中最轻松的时间就是正月初一。每到这一天,他会到寺庙里去烧香。他从来都不去抢头炷香,他说,"烧几炷香都没有问题,你们先烧无所谓"。平时,曹德旺也不是经常烧香礼佛,他只是在生活中按佛家的要求修行。对于烧香礼佛,他有一种非常朴素的认知:

"有的大老板花几万块钱买第一炷香烧,其实这个是很土的。你为什么去祈福烧香?因为你嫌自己不够富。你为什么嫌自己不够富?因为你有贪念。有时候我进寺院,出于对佛祖的敬重,也会烧香。但是我从来不求什么。烧香是礼佛,祈求的是平常心。"[1]

在修佛中,曹德旺求得了平常心。在人生的无数个时刻,他都本着一颗平常心,做出了正确的选择。

鲜为人知的是,痴迷佛教的曹德旺一度还曾产生过出家的念头。

1989年至1990年之间,有一本叫作《弘一法师李叔同》的书广为流传。这本书讲的是弘一法师李叔同的传奇故事,尤其对他出家当和尚的过程着墨颇多。

李叔同出身显赫,从小师从名师,长大后远赴日本留学,在音乐、绘画、戏剧和篆刻等诸多艺术领域取得了巨大的成就,是民国时期一位伟大的艺术大师。但这位才华横溢的艺术大师,却与佛学有着很深的渊源,早在15岁时便写出了"人生犹似西山口,福贵终为草上霜"。人到中年,他越发向往超脱世俗的生活,毅然决定远离红尘,遁入空门。这一壮举在当时可谓惊世骇俗,但或许正是因为遍历红尘,才更懂得众生的可贵,李叔同要像佛那样,"恩仇恩仇苦相忘,挽救众生出苦坛"。

出家后,为振兴律学,李叔同不畏艰难,深入研修,潜心戒律,著书说法,实践躬行。终其一生,他都严守律宗戒律,悲天悯人,生前每次坐藤椅之前,总是会习惯性地先摇一下,以免藏身其中的小虫被压死,在他临终之时,还曾要求弟子在龛脚垫上4碗水,以免蚂蚁爬上尸身被不小心烧死。

李叔同的一生,在曹德旺看来,"半为艺术,半为佛。其一生光明磊落,潇洒飘逸,道德文章,高山仰止"。

---

[1]《玻璃大王曹德旺的人生理念》,《工会博览下旬版》,2015年01期

第十二章 首善佛心:"慈善是你长得太高就锯一点儿给别人"

对这样的人生,曹德旺羡慕至极。再反观一下自己的处境:虽然生意做得还算不错,但每天都必须坚持工作 16 个小时,一年到头也得不到片刻休息,得到的也不过是一日三餐。与世间流传的"东方日出僧未起,说来世事不如闲"的生活相比,他觉得还是僧家的生活更惬意。

于是,曹德旺竟然动起了出家的念头。

这事不但遭到了家庭的阻力,还惊动了省委,市、县两级官员轮番前来劝说他打消出家的念头,毕竟,如果曹德旺出家了,福耀玻璃厂一大摊子事还有谁能接手?

迷茫之中,曹德旺来到了石竹山,希望佛家能给他指一条明路。他像以前一样抽了一签,老和尚看了他的签之后,对他说:"曹总,您今生有佛报,却无佛缘。"

曹德旺愕然,老和尚又解释说:"就是说,您虽与佛有很深的缘分,但没有出家的缘分。"

看着曹德旺有些失落的表情,老和尚安抚说:"曹总,您要注意身体,安心工作,注意劳逸结合。既然您能到这里问,说明您还相信仙公,他以前告诉过您,您的晚景会有很好的福报。静下心,好好地把企业办好,别动这个念想了。"

曹德旺下了山,采纳了老和尚的意见,从此再也不提出家的事,安心工作。[1]

多亏了这位大师,如果不是他说曹德旺没有佛缘,断其心思,恐怕我们的社会就少了一位兼济天下的企业家。

没有出家的曹德旺,从此有了一个与众不同的爱好,就是捐资修建寺庙。20 世纪 90 年代初期,他的事业还在起步阶段,当时,福耀玻璃厂刚刚从高山搬到福清,办公楼都是租的,厂房刚盖起来,还没

---

[1] 曹德旺.《心若菩提》[M],北京:人民出版社,2014 年

生产，曹德旺就贷款 30 万修建福清附近深山中的灵石寺，而且此后还不断增资，前后累计为灵石寺捐资达 2000 万。

企业家王石在接受媒体采访时，曾经讲过一个关于曹德旺捐赠寺庙的小故事：

2017 年，曹德旺带王石去福清黄檗寺，曹德旺看到有一片工地，就问这里准备盖什么，主持说要盖一座斋堂，曹德旺马上问什么时候开工，主持透露钱还没凑够。曹德旺问需要多少钱，主持说 1600 万，曹德旺想都没想就说"我出"，主持连忙说还有一条路和连廊还没算进去，曹德旺又问 2000 万够不够。

最后，曹德旺为重建黄檗寺总共捐助了 2.5 亿，已经不再是修建一个斋堂那么简单了。

在曹德旺看来，烧香拜佛很多带有私欲，而建庙盖寺则是为了弘法和修德。

除了捐赠寺庙，曹德旺还为保护传统佛教文化做出了巨大的贡献。有一次，曹德旺拜谒敦煌莫高窟，了解到那几千个窟都是丝绸之路上的商人挖的，他深受触动：

>"我悟透了一个道理，一代的宗教寺庙也都是企业家和商人干的。农民没有钱，除了皇家拨一点儿钱之外，其余都是这些人干的。那我这一代的企业家，应该给历史上留一点儿古迹文明。这也是我们企业家应该做的事情。"

从敦煌莫高窟回来之后，曹德旺就捐钱建了两座塔，九华山的万佛塔和普陀山的万佛塔，两座塔花了 7000 万。

颇为有趣的是，在捐资修建寺庙的过程中，曹德旺还将自己的商业思维渗透其中。浙江舟山普陀寺打算先募集资金修建佛塔，然后再募集资金修建讲经院。曹德旺得知以后，向主持提了一个建议：由他捐资 7000 万修建万佛铜塔，再用信众供奉观音集来的钱修建讲经院。

普陀寺主持欣然采纳了他的建议。

尽管布施诸多,曹德旺却认为自己"功德最小",他说:

"佛家讲,布施有三种,一种是财施,像我这样的捐款,只是有钱人做该做的事情,功德最小。"

弥勒菩萨在《金刚经偈颂》里说:"檀义摄于六,资生无畏法。财施、法施、无畏施是佛家的三种布施形式。"曹德旺认为,财施只能算是"小善",福耀玻璃养活着15000人,上下游产业链加起来十几万人,这才是"大善"。

"史上最严苛捐款"

曹德旺赚钱、花钱的过程,一直秉承着佛家行善积德的传统。到2020年5月,曹德旺累计个人捐款已接近120亿元,是当之无愧的中国"首善"。

曹德旺是这样定义"慈善"的,他认为慈善是一种修行:

> "企业家要想真正获得社会的认可、公众的认可,参与慈善事业是不可或缺的。企业家一定要尽责,起码个人素质上要有慈悲之心,首先有悲悯心、有同情心、有爱心,才能去帮助别人,才能受人家尊重。这么多年,我更认为做慈善是一种修行,修行路上,吃一点儿亏没有关系,都是正常的。"[1]

曹德旺有这样的慈善观,离不开小时候父亲对他的教导。

父亲说过的一句话至今令他记忆犹新。"我爸跟我讲,如果发现在你家门口躺着一个人,第一件事情要把他扶起来,问他要不要喝水,有病要送到医院去,这是做人起码的道理和准则,要学会同情、理解人家。"

在父亲的熏陶下,从创业初期开始,曹德旺就开始了自己的慈善

---

[1]《曹德旺谈"光彩事业"》,闫旭,中国新闻网,2019年10月20日

之路。

1983 年，曹德旺刚刚承包玻璃厂，还未盈利。这时，他的小学老师林秉珠找到他，希望他能为学校解决桌椅问题，刚刚创业的曹德旺想也没想就拿出了 2000 元。在那个年代，2000 元不是一个小数字，曹德旺硬是勒紧裤腰带，为学校买了一批桌椅，改善教学环境，自此开始了他的慈善生涯。

从那以后，他挣的钱就源源不断地流向社会需要的地方。

1987 年，福清县修建大会堂，因缺乏资金无法动工，曹德旺得知后，毫不犹豫地捐赠了 7 万元。

1998 年，武汉洪灾爆发，他亲自飞到武汉考察，之后个人捐赠了 300 万元。同年，他也向闽北灾区建瓯市捐出 200 万元。

2006 年，闽北洪灾，他再捐 200 万元，用于闽北小学教学楼重建。

2006 年，他捐资 500 万给海南文昌市，用于地方扶贫和教育。

2007 年，他在西北农林科技大学设立"曹德旺助学金"，实行定向捐赠，10 年间，每年拿出 150 万资助贫困学生。

2008 年，汶川发生大地震，除了捐赠了 2000 万元赈灾，他还多次亲自前往灾区。

2010 年，曹氏父子捐款 10 亿元：青海玉树泥石流灾害，曹德旺捐款 1 亿；西南五省区市干旱，又捐资两亿；福清市修路和危房改造，曹德旺资助 3 亿，福州市新建图书馆，曹德旺又出资 4 亿……

2010 年，曹德旺在南京大学捐赠 2000 万元，共建"河仁社会慈善学院"，培养专业的慈善研究者和决策者。

2011 年，曹德旺捐赠厦门大学商学院 2 亿元，商学院取名"德旺商学院"。

2015 年 9 月 21 日，曹德旺积极参与全国工商联与国务院扶贫办、中国光彩事业促进会共同发起的"万企帮万村"，在各地扶贫济困，帮助贫困户发展产业。

2016 年春天，曹德旺亲赴革命老区湖北省红安县走访考察，商定与贵州、湖北、福建3省30个贫困村,开展联村帮扶活动,每村每年资助100万元,3省3年共9000万元,主要用于"发展经济脱贫一批"的项目。

2018年,曹德旺在听取西藏昌都市领导关于当地藏族同胞因病致贫、因病返贫的情况后,随即带队到北京,向有关专家了解相关传染病、地方病防治的有关问题,建议由他创办的河仁慈善基金会筹集4亿资金资助"三区三州"(三区:西藏自治区、新疆维吾尔自治区及青海、甘肃、四川、云南四省藏区;三州:凉山州、怒江州、临夏州)深度贫困地区、特殊贫困人群的健康扶贫三年攻坚项目。

曹德旺是福建人,对于福建的捐赠肯定是最多的,在福建福清有一所中学叫"福清德旺中学",就是曹德旺捐资1.9亿建成的。还有福清高山中学科技楼、福清3条农村公路、福厦高速公路、宏路出口等,都是曹德旺捐资修建的。

曹德旺在中国的慈善印记无法一一细数,但他说过的一句话足以概括:

> "我已捐出了一半的资产,剩下的时间,希望把另一半也捐出去,留给子女的不应该是财富,而应是智慧和人品。"

曹德旺的慈善捐赠行为,得到了家人的认同与支持。在一次捐赠活动中,曹德旺的妹妹专门从长春跑到捐款现场,那次曹德旺捐款1亿,他的妹妹表示非常失望,打电话给曹德旺,可是那会曹德旺在从美国回来的飞机上,电话没打通。后来,她告诉曹德旺:"哥哥,那天电话是没打通,本来我想劝你捐两个亿。"

"首善"的背后,不只是捐款时那一串令人咋舌的天文数字,更是曹德旺那份赤诚的心,与对家国的那份强烈的责任感。

在曹德旺的捐赠经历中,有一个事件对中国慈善史影响巨大。

2009年秋天,我国西南地区遭遇历史罕见特大旱灾,百姓生活陷入困境之中。为救助西南旱灾贫困地区的同胞,曹德旺决定向灾民捐款,帮助他们渡过难关。

曹德旺说:"西南地区遭遇百年一遇的特大旱灾,老百姓生活苦得很。我年轻的时候吃过很多苦,知道那种滋味。"

一开始,他想给灾民发粮食,但考虑到粮食的运输问题以及可能带来哄抬当地粮价的风险,他随即改为发放现金。这之后,曹德旺派出了一支调研团队,对这个项目的可行性及成本进行了评估和测算,发现难度实在是太大。于是,他决定找慈善机构合作,让专业的人做专业的事。

这一消息散布出去后,很快,就有很多慈善机构找到了曹德旺,希望与他合作。最终,中国扶贫基金会争取到了这一机会。

2010年5月4日,曹德旺与中国扶贫基金会签署捐赠协议,曹德旺、曹晖父子向西南5省区市旱灾区贫困农户捐赠两亿元善款。这笔捐助是当时中国最大的一笔个人慈善捐款。

不过,虽然数额受人瞩目,曹德旺却提出了非常严苛的条件。他要求中国扶贫基金会在半年内将两亿元善款以每户2000元的标准发放到滇、桂、渝、黔、川5省区市的近10万农户手中。他会随机抽取10%的家庭,一旦发现超过1%的家庭出现了不合格的情况,则要按照协议进行处罚。如果在协议约定的到期日——2010年11月30日后,账上仍有未能发放的捐赠余款,则将由曹德旺全部收回捐款,中国扶贫基金会还要按超出部分的30倍进行赔偿。不仅如此,为了压缩成本,曹德旺还将中国扶贫基金会的管理费降到了3%,而"行规"一般为10%。

管理费不超过3%,差错率不得超过1%,如此严苛的条件,使这次捐赠被赋予了"史上最严苛捐款"的称号。

为了把钱发到那些真正需要的人手中,曹德旺成立了一个专门的监督协调小组对资金用途进行监督核查,并请媒体全程监督,要求基金会每10天向他递交项目进展详细报告,最后受资助农户的资料、签名和指纹手印也要汇总给他。

与此同时,曹德旺也亲自上阵,有一次,他打扮成一个"彝族老乡",到当地农村走访,了解钱是否发放到位。

在曹德旺的监督下,两个亿的捐款在半年内成功下发到了 10 万农户手里,并且差错率没超过 1%。这个两亿元捐赠执行合同,是中国迄今为止问责公益最大的一个对赌协议,开启了中国公益捐款问责机制的先河,打造了全程透明的公益模式,也为更多奉献爱心者提供了监督的方法。

对于投身慈善多年的曹德旺来说,虽然选择问责是第一次,但他此前捐赠的所有项目,他的钱也都"花得很明白"。他说:"让我捐条路,他们修,我来找监理,验收合格后我才会给钱。"

他曾经不止一次告诉媒体,他不相信任何人,只相信制度和逻辑。做企业是如此,做慈善更是如此。

人们都说曹德旺是富豪,但他说,我是一个企业家。很多人都好奇他为什么把挣的钱都捐了,他却觉得这是水到渠成的事情,在他看来,拥有财富,也就背负了责任。捐了,卸下重担,反而一身轻松:

"我悟通了,无论官位还是财富,都不能绵延不息。"

而他所做的,正是让钱"从哪里来,回到哪里去"。

成立河仁慈善基金会

2010年，河仁慈善基金会在北京成立。这是中国第一家以捐赠股票形式支持社会公益慈善事业的基金会，也是我国目前资产规模最大的公益慈善基金会。无论是对曹德旺本人，还是对中国慈善事业，河仁慈善基金会的成立都有着里程碑式的意义。

捐赠股票成立慈善基金的想法，早在几年前就已经在曹德旺的心中萌生了。

2006年，曹德旺的母校——福清市高山中学举办50年校庆，曹德旺捐助500万元修建了一座教学楼。在教学楼落成仪式上，福建省慈善总会会长张明俊提出了"冠名留本慈善基金"的建议，"本金自行运作，每年捐息用于慈善事业"。曹德旺心中为之一动，看到了慈善的另一种途径。

2007年5月，曹德旺把远在美国的大儿子曹晖召唤回国，让二儿子以及女儿也全都回到家中，一起开了一个小小的家庭会议。在这次家庭会议上，他第一次提出将福耀玻璃60%的股份捐出去做慈善基金会的想法。

在曹德旺看来，做出这样的决定必须要和家人商量，他曾经开玩笑说："我还要他们养老，我死的时候还要他们把我抬到太平间、火葬场去。而且我转账将来曹晖也要签字啊。"

在家庭会议上，这位一向以耿直、强硬的形象示人的企业家，变成了一位慈祥的老父亲，他对孩子们说："爸爸这么大年纪，准备退休了。你们自己要努力，不要指望我留很多财产给你们。"

曹德旺的妻子陈凤英没有什么意见，这在曹德旺意料之中，他曾说："我的这些财产都在我老婆名下，不在我名下。我老婆很好，她什么话都不会讲。"

大儿子曹晖也表示支持父亲的决定："这个事情是你的事情，我不参与决策，你怎么定就怎么定。"二儿子和女儿也不反对，一起签了字同意，这让曹德旺很感慨："这次捐款如果说曹德旺境界高，那我的子女境界更高。因为我已经六十几岁，不需要钱了，而他们是需要钱的。"

捐赠的事情就这样在家庭内部通过了，接下来，曹德旺开始筹备基金会的事情。2007年8月22日，福建慈善总会会长张明俊把曹德旺的决定呈报省长和书记，一周后，两位领导都做了批示，表示大力支持，配合曹德旺去申请。

于是，曹德旺马不停蹄地奔赴北京跑手续。但相关部门的人却告诉他这条路不可行，民政部不会接受股票捐赠。失望至极的曹德旺只好返回福建。

2008年，美国次贷危机初显端倪，金融危机席卷全球，为了带领福耀玻璃"过冬"，曹德旺每天忙碌不已，基金会的事情也就耽搁下来了。

让曹德旺决定重启河仁慈善基金会筹建工作的，是两件事情：

金融危机中，他对经济陷入寒冬的原因进行了分析，最终得出结论——国家"贫富两极分化太厉害"。于是，他开始思考如何解决这个问题，很快，他就梳理出了思路：

"所以我认为我们作为企业家应该带个头，就是把钱换出来，送给没有钱的人。弱势群体能够有收入的话，就提高了购买力，小企业就有活干了。小企业有活干的话，大企业，做电的、做材料的也就给我们提供材料，他们就有活干了，就带动起来了。"

第十二章 首善佛心："慈善是你长得太高就锯一点儿给别人" | 225

另一件事情发生在 2008 年年底。曹德旺受日本丰田公司的邀请，到丰田总部访问。在那里，他得知丰田家族如今只持有丰田百分之零点零几的股份。但是，日本人还是把丰田的第四代孙推上社长的位子。

曹德旺深有感悟："日本人还是信仰丰田，丰田的企业管理做得很好，对社会作的贡献很大，虽然现在他不控股，比他股份大的股东多得多，但是人家不承认你是什么股东不股东，不是承认你钱的问题，而是承认你先祖一贯的作风。他的孙子管理能力很强，但是也不一定就是几十万人当中的第一。这是一种崇拜，丰田家族在全世界人的心目中都是非常伟大的。"

丰田之行，让曹德旺彻底打消了在捐出股票以后曹氏是否能够继续执掌福耀的疑虑。从日本回来之后，他再一次开始着手基金会的事情。

2009 年 2 月 12 日，福建证监局例行的年度证券期货监管工作会议上，曹德旺宣布捐出自己所持福耀集团 70% 的股份，但因为涉及全面收购要约，改捐 60% 的股份，基金会成为福耀集团第一大股东，曹氏家族成为第二大股东。

一个月后，曹德旺向国务院侨务办公室提出申请：希望以股捐形式设立河仁慈善基金会，挂靠在国务院侨务办公室之下。

曹德旺之所以选择国务院侨务办公室，原因之一就是他当时已经取得香港永久居民身份，并在国务院侨办主管的中国侨商投资企业协会担任副会长，平时的工作也与这家机构有许多联系。

"当时想法还不成熟，但既然已经承诺了，就做吧。"后来，曹德旺这样对媒体说。

不过，事情的进展却是一波三折。按当时实施的《基金会管理条例》，非公募基金会的原始基金必须为到账货币资金，河仁慈善基金会面临注册、纳税和上市公司控股股东等体制障碍。其中的难题之一是曹德旺的捐赠牵涉到福耀玻璃的控股权问题。他最初的想法是捐出自己所持股的 60%，当时，曹氏家族通过三家壳公司持有福耀玻璃

10.8亿股股份，如此算来，他将捐出6.48亿股。

2009年3月起，国务院侨务办公室作为河仁慈善基金会主管单位，民政部作为登记机关，邀请财政部、国家税务总局、中国证监会、法制办等部委相关负责人召开两次协调会，并将河仁慈善基金会的构想上报国务院。

在一次电视节目上，曹德旺曾经半开玩笑地说："办这个慈善基金会不容易，几个政治局常委都注意到了我。"

2009年6月，民政部领导率国务院法制办、国务院侨办、财政部、国家税务总局、证监会等单位组成的联合调研组，专程前往福耀玻璃开展基金会专项调研，并考察相关基金会运作情况。

证监会、财政部官员认为，由于曹德旺捐赠的是股票，价值取决于福耀玻璃的经营状况，如果曹捐股60%，将不再是企业的实际控制人，可能对福耀的经营管理会有影响，相应也影响了基金会能够投入到慈善事业里的资金情况。

"我跟政府讲，那好，我捐一半给你，我继续在这里控股、控制。我会努力把福耀做得更好，用更多的钱去支持基金会。"曹德旺说。于是，他把捐股数额减到4.5亿股，以确保福耀玻璃的大股东不会变成河仁慈善基金会。

股权问题解决了，其余各种问题也迎刃而解。2009年10月，财政部发布《关于企业公益性捐赠股权有关财务问题的通知》，明确表示企业捐赠后，必须办理股权变更手续，不再对已捐赠股权行使股东权利，并不得要求受赠单位予以经济回报。

自此，股捐大门正式开启。

2010年6月，经过重重波折，河仁慈善基金会终于成立——曹德旺出资2000万元，在国家民政部登记注册成立河仁慈善基金会。按照章程，这个基金会将在中国的教育、医疗、环保、紧急灾害和灾后重建几个领域发挥作用。

河仁慈善基金会的成立，对于整个中国慈善业来说都是一件具有标志性意义的事件——它开创了全新的民间慈善模式：由民营企业家捐出自己拥有的公司股票，每年用股权收益投入慈善事业。

有人问他为什么对成立河仁慈善基金会如此执着，曹德旺说：

> "我成立这个基金会的初衷，是想带头让中国有钱人拿一部分钱出来分给穷人。钱这个东西呢，多了也没用。初衷只是想改变社会的一种文化、一种追求，不是说一定要做什么。"

河仁慈善基金会中的"河仁"二字出自曹德旺父亲曹河仁之名，它不仅代表了曹德旺与父亲之间的情感联系，也寓意着曹德旺所推崇的经商、为善境界。

河仁慈善基金会成立之时，关于曹德旺的此举，有很多质疑之声。不过，曹德旺却做出了一个令人惊讶的承诺：将适时退出，交由专人管理。

仅仅4个月后，曹德旺就兑现了自己的承诺。他与儿子曹晖以及福耀集团财务主管全身而退，速度之快让人始料未及。

公众和媒体还在迷惑甚至惋惜时，曹德旺却颇为得意。他曾说，这是他2011年做得最为漂亮的一件事。

在他看来，只有交给专业人士管理，河仁慈善基金会才会得到良性发展。当然，他的退出也是有条件的——必须严格按照基金会的制度运作。

这位制度的笃信者花了将近半年的时间亲力亲为制订基金会的管理办法，多次邀请专业人士提出修改意见，才放心地交出了"兵权"，然后便洒脱地对河仁慈善基金会的事"不闻不问"。他曾表示，除非出现重大问题，否则他不会干预基金会的工作。在他看来，"制度建立起来后就不能像老太婆一样不放手，那样做就不好玩了"。

马云曾经说过，当你有几百万的时候，你的钱是你的钱，当你拥有几十上百亿的时候，你只是帮助社会管理财富而已。

曹德旺就是这句话最真实的写照。

驰援 1.5 亿抗击新冠肺炎

2020 年春节，是中国人民一年一度阖家团圆的时刻，但这种平安喜乐的氛围却被一场突如其来的疫情打破了，新冠肺炎病毒疯狂侵袭九省通衢的武汉。随着春节返乡团聚的人群，病毒迅速蔓延到全国各地。

面对来势汹汹的新冠病毒，一场前所未有的"战疫"轰然打响，全国上下众志成城，凝心聚力阻击病毒，无数人冲在了"抗疫"第一线，坚持与疫情赛跑，风雨逆行。为了缓解疫情期间物资紧张的问题，社会各界也在积极捐赠物资。

曹德旺也在第一时间伸出了援手，2020 年 1 月 30 日，他通过河仁慈善基金会捐赠 1 亿元抗击疫情，其中向湖北省捐赠 7000 万元，向福建省捐赠 3000 万元。他公开表态："先捐 1 个亿用着，不够了再说。"

对曹德旺来说，这句话不是说说而已，而是一个沉甸甸的承诺。

在捐款时，曹德旺得知，现在灾区最缺的不是钱，而是有钱也买不来的防疫物资，比如医用口罩、帽子、手套、防护衣、消毒用品等。他马上成立医用物资海外采购调配组，列出符合医用标准的物资采购清单，动员福耀各海外公司，在德国、法国、美国、日本等国家采购防疫物资，并在第一时间协调航班紧急发回国内。

2 月 6 日，福耀从德国和法国两地采购的第一批防疫物资在福耀德国分公司集结完毕,这批防疫物资包括12万只医用FFP2型口罩、96万个医用外科口罩、20万双一次性丁腈手套、10万件医用隔离衣,及防护面罩、护目镜、鞋套、帽子、橡胶手套等医用物资,共计9大类241万件,价值129万欧元。

2月7日,这批防疫物资跨越千山万水抵达福州,交由福建省相关部门接收。2月10日,由福耀日本公司采购的物资也由东京发往福州,包括医用口罩、防护服、防护手套等1万件,驰援防疫一线。

2月20日,听闻小微企业生存艰难,曹德旺又向福州市捐赠人民币4000万元(其中福清市2000万元),用于支持抗击新冠肺炎疫情和助力小微企业发展。

自始至终,曹德旺都觉得自己责无旁贷:

> "这次疫情牵动着亿万国人的心,我一直在关注疫情的走势。福耀集团作为社会大家庭的一员,有责任、有使命为国家抗击疫情出力。我希望通过自己的行为影响其他的企业家,带动更多的企业家站出来捐钱捐物。"

曹德旺的钱从来都不是捐出去就可以了,对捐款的实际用途他一直非常重视,对每一分捐款的去向,他都一如既往的"苛刻"。在接受《新京报》访谈时,他曾经重点谈到了对捐款的监管:

> "你们用曹德旺钱的时候要小心,要把钱用好。我们会有非常严厉的监管,等疫情结束以后,会去查我们的捐款都花到了哪里,放到了哪里?捐款是一项很辛苦的事情,有很多工作要做——我们有很多人对捐款项目进行监督管理:钱到哪个户头了,谁花了,钱怎么用了?"

其实,在这次疫情中,不仅仅是小微企业受到了沉重的打击,福耀集团也深受影响，原本每个月全世界的销售额是几十亿，一般情况下，可以赚到4个亿的利润，但是如今却不到2亿5千万。虽然福耀玻璃的利润每月缩水1.5亿，但曹德旺却明白，"当务之急是要集中精力先把疫情消灭，而不是把解决企业遇到的问题排在第一位"。

疫情暴发后，一些企业家抱怨生存艰难，希望得到国家帮扶。曹德旺却没有一丝抱怨，而是积极捐款捐物、复工复产。

曹德旺一直倡导企业自救：

> "我坚决反对这个时候给国家提要求、施加压力，中国是中国人的中国，我们每个中国人都要有国家的概念，不要老想着自己的事情，都应该仗义承担疫情带来的影响，互相团结起来克服困难。等疫情结束了，我们再讨论如何恢复生产过日子，一起探索解决问题的办法。我也建议企业家自己想一想：在这次疫情中，大中小企业、工人、农民，谁不受影响，谁不困难？在中国14亿人中，有几千万或者一亿的精英当上了企业老板，而在这一亿精英身后，还有农民、工人、贫困人口、打工的人——这部分人占据了中国人口的大多数。现在的企业不要遇到一点儿问题就只想着依赖国家救助，更多财富、能力不如企业老板的人谁来救？真真正正的救助是自救，首先要想办法自己救自己。建议大家现在冷静一下，自立一点儿，想想企业最大的困难是什么，如何做最大的努力去解决问题、渡过难关。现在全球经济形势都不好，中国经济很多的问题还没有解决，我做好了和这个国家一起过苦日子的准备。"

除了未恢复正常生产的湖北汽车玻璃基地，福耀分布在全国16个省市的42家生产基地、研究机构等单位已在2020年2月17日全面复工，员工到岗率达80%，生产经营活动逐渐回归正轨。与以往相比，现在只是多了严格的防疫措施。

在最短的时间，福耀集团就对所有员工建立健康、往来路径、接触人群和家属境况的日报档案，紧急采购调配各类防护防疫物资，尽全力保障员工正常工作和生活。同时，还把分布在全国16个省市的42家生产基地、研发中心、业务机构等联网成片，建立联动机制，定时安排专人全面消杀。

尽管新冠病毒席卷全球，但身为在商海中搏击一生的企业家，曹德旺对企业的未来仍然充满信心，在他看来，虽然疫情的确对国民经济造成了损失，但疫情影响的只是部分经济活动，并没有完全影响中国经济。"我们要做的是重视疫情，但绝不能紧张恐慌。"他说，福耀集团始终对国家及自身经济发展充满信心，"这一方面来自于国家长期向好、稳中向好的发展趋势；另一方面也源于我们几十年稳健管理打下的根基"。[1]

行路有道，兼善天下。在自传《心若菩提》中，曹德旺曾这样解释自己的商道：所谓商道，就是义利兼济。他说：

> "企业家的责任有3条：国家因为有你而强大；社会因为有你而进步；人民因为有你而富足。虽然这3句话看着有点儿大，但我却始终作为人生价值观的灯塔来树立。"[2]

我们为拥有这样的中国企业家而自豪，同时也希望能有更多的"曹德旺"涌现出来，使这个社会更加美好、这个国家更加繁荣。

---

[1]《经济战疫之企业家访谈》，《新京报》，2020年2月7日
[2] 曹德旺.《心若菩提》[M]，北京：人民出版社，2014年

附录

曹德旺大事记

1946 年 5 月　　曹德旺出生于上海。

1976 年　　曹德旺开始在福州福清市高山镇异形玻璃厂当采购员,他的工作是为这家乡镇企业推销水表玻璃。

1983 年　　曹德旺承包了这家年年亏损的乡镇小厂。

1985 年　　将主业迅速转向汽车玻璃,彻底改变了中国汽车玻璃市场 100% 依赖进口的历史。1987 年,成立福耀玻璃有限公司。

1993 年　　福耀玻璃登陆国内 A 股,是中国第一家引入独立董事的公司,是中国股市一家现金分红是募集资金高达 22 倍的上市公司。

1996 年　　法国圣戈班投资 1530 万美元,福耀投资 1470 万美元,双方合资成立万达汽车玻璃有限公司。

1998 年　　曹德旺亲自飞往武汉洪灾区考察,个人捐出 300 万元,加上公司员工捐款等,共筹资 400 万元,经由中央电视台汇出。同年,他也向闽北灾区建瓯市捐出 200 万元。

1999 年	因与圣戈班经营原则不同，曹德旺花费巨资买断圣戈班在福耀的所有股份，以此为条件与圣戈班约法三章，圣戈班在 2004 年 7 月 1 日前不得再进入中国市场，为福耀在 5 年内排除了一个强大的竞争对手赢得了发展的时空。
2001 年至 2005 年	曹德旺带领福耀团队艰苦奋战，历时数年，花费一亿多元，相继打赢了加拿大、美国两个反倾销案，震惊世界。福耀玻璃也成为中国第一家状告美国商务部并赢得胜利的中国企业。2006 年美国商务部部长访问中国时，点名约见曹德旺。
2002 年	捐助"关心下一代"420 万元。
2004 年	他先后捐出 500 万元和 800 万元，用于修建福厦高速公路宏路出口与 316 国道连接道路以及福清 3 条农村公路。
2005 年	他捐资 70 万元给永泰县福利院，帮助农村贫困老人过个好年；捐 300 万元拓宽高速公路宏路出口处公路，捐 600 万元修建福清高山中学科技楼。
2006 年	捐资 247 万元帮助福建灾区学校重建；捐资 500 万元予海南省文昌市。
2006 年 6 月	在闽北洪灾中，曹德旺捐款 200 万元，福清基地员工捐 47 万多元，用于闽北小学教学楼重建。

2007 年	他在西北农林科技大学设立"曹德旺助学金",实行定向捐赠,10 年间,每年拿出 150 万资助贫困学生。
2007 年	荣获"2007 中国最佳商业领袖奖"之"公众心目中的年度最佳 CEO"。
2008 年	汶川发生大地震,除了捐赠了 2000 万元赈灾,他还多次亲自前往灾区。
2008 年	"中华慈善奖"大会上,荣获"最具爱心慈善捐赠个人"称号。
2009 年 5 月	曹德旺登顶有企业界奥斯卡之称的"安永全球企业家大奖",他是首位华人获得者。
2010 年 5 月 4 日	曹德旺与中国扶贫基金会签署捐赠协议,曹德旺、曹晖父子向西南 5 省区市旱灾区贫困农户捐赠两亿元善款。这笔捐助是当时中国最大的一笔个人慈善捐款。曹德旺成立了专门的监督委员会,对这笔捐款的使用进行监督,被称为"史上最严苛捐款",开创了中国捐赠者对公益捐款问责的先河。
2010 年	曹德旺在南京大学捐赠 2000 万元,共建"河仁社会慈善学院",培养专业的慈善研究者和决策者。

2010 年	历经 3 年锲而不舍地与中央各部委沟通、磋商，并请各领域专家进行论证和指导，曹德旺捐出价值数十亿元福耀玻璃股票成立的河仁慈善基金会，在递交申请三年后终于正式获批，是中国资产规模最大的公益慈善基金会。
2011 年	曹德旺捐赠厦门大学商学院两亿元，商学院取名"德旺商学院"。
2011 年	胡润中国慈善榜发布，曹德旺捐款 45.8 亿元成为中国首善。
2014 年 12 月	首部自传性著作《心若菩提》正式出版。
2015 年 9 月 21 日	曹德旺积极参与全国工商联与国务院扶贫办、中国光彩事业促进会共同发起的"万企帮万村"，在各地扶贫济困，帮助贫困户发展产业。
2016 年春天	曹德旺亲赴革命老区湖北省红安县走访考察，商定与贵州、湖北、福建 3 省 30 个贫困村，开展联村帮扶活动，每村每年资助 100 万元，3 省 3 年共 9000 万元，主要用于"发展经济脱贫一批"的项目。
2016 年 3 月 11 日	担任北京大学名誉校董。
2018 年 9 月	曹德旺入选"世界最具影响力十大华商人物"。

2018 年 10 月 24 日	入选中央统战部、全国工商联《改革开放 40 年百名杰出民营企业家名单》。
2019 年 3 月	福布斯发布第 33 期年度全球亿万富豪榜，曹德旺排名第 1057 位，财富值 22 亿美元。
2019 年 10 月 26 日	荣获 70 年 70 企 70 人"中国杰出贡献企业家"称号。
2019 年 11 月 3 日	第五届全球社会企业家生态论坛在北京落幕，曹德旺入选首届中国"杰出社会企业家"名单。
2020 年 2 月 4 日	曹德旺捐赠 1 亿元，其中 7000 万元用于支持湖北省、3000 万用于福建省抗击新型冠状病毒感染的肺炎疫情。
2020 年 2 月 20 日	曹德旺再次捐款 4000 万元，定向用于支持福州市抗击新冠肺炎疫情和助力小微企业发展。（其中家乡福清市 2000 万元）。
2020 年 4 月 13 日	入选《财富》中文版"2020 年中国最具影响力的 50 位商界领袖"榜单。

曹德旺名言录

1. 我必须保持优秀，否则会造成羞耻，不仅给评委们，而且会给整个中国。

2. 我告诉我的员工和子女，人生的每一天的每一分钟的每一件事，都是你在盖历史大厦的每一块砖。某一段砖用坏了，做了坏事，你盖很高的时候，高处不胜寒，压力一大，那个地方经不起推敲，大厦就这样摧毁了。

3. 我有成就，不是因为我伟大，而在于我背后有无数普通人默默无闻的努力和贡献。

4. 我有事业，离不开政府的政策和社会各界的帮助，我欠社会的太多。人要有良心，我对社会始终抱着感恩的心态，我是通过自己的力量来帮助社会。这么多年来，我就盖了两座房子用了一点儿钱，我赚的钱大多数都捐给了中国。这些年的捐款，无论是以我个人名义还是以福耀名义，都是我曹德旺个人的钱，从来没有动用福耀集团的一分钱。

5. 我捐款是没有条件的，不像有些人捐款，是要拿一块地、一个项目来换的。

6. 我是从最底层上来的，这是我一生最大的财富。我最困难时，一天才赚两分钱。我结婚那天，才第一次穿上鞋，袜子还是我哥的。一包7分钱的香烟都买不起。

7. 我没有什么朋友，政界和企业界、经济学界的，我不跟他们玩，没什么意思。

8. 作为企业家，在准备创大业时，一定要记住，做小事情靠技巧，大事情靠眼光和人格魅力。

9. 我是企业家，不是富豪。

10. 我一直认为，企业家的责任有3条：国家因为有你而强大，社会因为有你而进步，人民因为有你而富足。做到这3点，才能无愧于企业家的称号。

11. 早在2007年，我就准确地预测到2008年全球经济危机，当时在内刊上写了《一叶知秋》，提醒福耀人做好越冬准备。如果对全球经济没有敏锐的洞察力，就不能管战略。

12. 我有勇气，有智慧；我的前瞻性很强；对待别人，我很仁慈；我敢于承担责任，任何事情我都敢担当；我的皮比较厚，人家讲我好讲我坏，我都表示感谢。只要记得世上还有一个曹德旺，我就心满意足了。

13. 真正碰到问题了，利益集团必须站出来，削弱你的利益。你身体好，体质好，你不自断手臂谁断？

14. 佛说，财施犹轻，法施最重。像我这样的捐款，只是有钱人做该做的事情，功德最小。积德要"无相布施"，就是不要宣传，你才会积一点儿阴德。咣咣地曝光，我那一点点福德都没有地方拿了。你还以为是好事啊？

15. 貔貅没有屁股，是只进不出的，很小气。我特意挖了个大屁股，做吉祥物来说的话有进有出。财富如果不漏的话不撑死你啊，应该要漏。

16. 我悟通了，天下事情什么东西都是空的。我没有见过官位、财富可以绵延不息的。千万别把钱当真，钱就是用来玩的，谁有水平，钱就留在身边多玩几天，没有，就少玩几天，反正钱是不会永远留在你身边的。

17. 留给子女的不应该是财富，而应该是智慧和人品。

18. 我没有什么惧怕的，人不做亏心事，就不用怕。但是，也没有什么是不怕的，所以我敬畏法，尊重天下人。个人修行上，就怕自己做得还不够好。

19. 有钱容易，有思想有境界不容易。

20. 人生要读两本书，一本是"有字的书"，一本是"无字的书"。有字的书记载着古今中外的故事、案例，你可以借鉴，但千万不要照搬。无字的书就是阅历、能力和见识，我们每天看的电视、跟人相处、两个人的辩论……每件事都是一本书，要懂得从中汲取精华，将其中的学问和过去结合，这才叫智慧。

21. 兴邦强国从我做起，我们国家13亿人，如果只要有5%的人能够从心里头喊出这句话，国家就有希望。

22. 20多年来，在十几个省办厂，我从没向任何官员和银行送过一盒月饼。以人格做事。

23. 为什么要扎根在这么苦的制造业？因为这是我的责任，我的"苦"没有白费，我们证明了"中国制造"一样可以成为世界一流产品、国际知名品牌。

24. 人要该进的进，该退的退，向权贵千万不要低头，向位置比我低的人，千万不要跟他们硬。众生平等，慈悲为怀。

25. 几十年以来我们都没有真正的"产品"，要说有，就只是房地产。现今房地产问题已经不可回避，一些短期的调控政策并不是解决问题，而是把问题往后压，往后压的后果会更不可控制。我们应该面对这个现实，下定决心要调整，再这样做下去的话会亡国。留一点儿饭给子孙吃，留一条路给子孙走。

26. 做生意不像别人想的那样你死我活，趁人之危，那你肯定死。到处坑人家，你肯定会死在人家手上。

27. 在福耀，不仅是员工，就连员工直系亲属有困难，我们也会帮忙。

28. 福耀的现金分红早已超过募集资金，而且是翻几番！福耀就是要用这种与众不同的方式，来告诉天下人，我们是一家值得全社会信赖的真正的优质公司，这才是福耀的价值所在，才是中国股市健康发展的希望。试想如果中国上市公司都这么做，现今中国股市还会是这个样子吗？中国股市对中国经济的贡献将绝对比现今大得多！

29. 福耀，是中国人的福耀，不是我曹德旺的福耀。如果只是为了一点儿钱，我们就不必这么努力，我们为的是一片属于中国人自己的汽车玻璃，树世界级的行业典范。

30. 我宁愿把钱捐出去，我也不做房地产、金融，我不为钱，我捐了八九十亿给中国，我赚的钱也是捐掉。为什么拿我跟房地产商比呢？我是实业家，对那些为了钱的人不屑一顾。

人要讲奉献精神，学而优则仕，仕不是指当官，而是讲奉献。你们都认为我这是高调，我是真的这么认为，你把这些话都记下来，等到我90多岁的时候来核对，看我是不是这么做的。

31. 尽管捐了几十亿的钱，但我认为自己是企业家不是慈善家。财富只是我在马路边捡到的东西，按照佛教提倡的精神，跟大家共享一下。

32. 做慈善不是富人的专利。做慈善要量力而行，我捐几十个亿，和你们拿工资的人捐几千块是一样的，因为你已经尽力了。即便没有钱，你还可以给人以笑容，展示你的同情心，对地位比你低的人客气点儿。

33. 要做事，先做人。

34. 我几十年如一日，和任何人都是平等交流的。

35. 我的根在中国，做一个真正有理性的人，他必须坚守中国这个底线。

36. 我最快乐的时候是在我穷的时期，什么地方都可以去，什么话都可以讲，无拘无束，因为你不会有什么影响，接下来我就觉得不好玩了。

37. 如果企业家只懂得赚钱，不致力于提高自己的修养，充其量只是个富豪。

38. 我修庙盖寺是为了弘法，我认为中国人需要一个宗教和灵魂。人一定要有信仰，信什么都可以，就怕什么都不信。

39. 处理政商关系，不能随大流，要给那些官员树立原则。我的无上秘笈是"不贪"，佛家持戒，第一就是要戒贪。

40. 选择移民的都不是企业家，他是小老板；真正成家的、有抱负的，他不会移民，他是人物，他必须向历史负责。

41. 无欲则刚，只要做到不贪，什么都容易，心里会达到很静的境界，还可以笑笑他们，你们也太过分了吧。

42. 因为我很直，以前得罪过好多官员。我如果犯规，会死得很惨，所以我看见谁都怕，做事很谨慎。我把自己置于全社会监督之下，尊重各种法律法规以及风俗习惯。因此我就不会犯规。我没丢下什么把柄，所以你也没什么好捡的。

43. 我是从最底层上来的，这是我一生最大的财富。

44. 经营一个理想，你想成功，没有智慧是绝对不行的。学好我们的文化、用好我们的文化，使用到我们的经营上，学会珍惜天下人，戒贪戒骄。

45. 从不为到有为，从有为到不妄为，从不妄为到无为。

46. 拥有财富，也是背负责任。捐了，卸下重担，反而一身轻松。

47. 有人说财不可露白，我就是要露给你看，我的钱来得光明正大，我怕什么！

48. 慈善不应该有国家，那慈善是小善，小善那样的推动目的是为了培养我们心灵美，它最终的目的是为了推动社会和谐发展。

49. 我认为做人第一就是要有高度的社会责任感。在家里，为人子要尽人子之责，为人夫必须尽人夫之责，为人父要尽人父之责；在社会上，要尽公民之责，要有强烈的民族和国家意识，这样你才会成功。

50. 成功必须自信，没有自信永远不会成功。

51. 商道就是坚持义利相济，敢作敢当。

52. 在国外，外国人不知道我们叫什么名字，但是他知道我们是中国人。

53. 年轻人想要成功，就要认识到格局、行为、形象非常关键。

54. 中国是我的祖国，赡养父母是我的天职。

55. 你真正有文化，看问题就跟人家不一样。

56. 活下去是硬道理。

57. 经验积累后，一通百通。

58. 坚持在第一线，像蜡烛一样把蜡烧光了再说。

59. 没有下等的职业，只有下等的人。

60. 我不嫌我的舞台小，我的演技就是这个水平，个子也只有这么高。

61. 企业家必须有文化，必须懂经营、懂战略决策。

62. 创业最好先把所学变成所能。

63. 做慈善的终极目的是构建和谐稳定的社会。

64. 修行路上，吃一点儿亏没有关系。